Frances Zwicky-Schön
Gerhard Koller

Sprachkurs Deutsch 1

Neufassung

Glossar

Deutsch – Englisch

Verlag Moritz Diesterweg
Verlag Sauerländer

Bestellnummer: Diesterweg: 5911
                   Sauerländer: 5911

ISBN: 3-425-05911-4 (Diesterweg)
                   3-7941-3345-5 (Sauerländer)

1. Auflage 1990

Satz: Koller, Nürnberg
Druck und Bindung: Wiesbadener Graphische Betriebe GmbH, Wiesbaden

Wir haben uns bemüht, das Glossar möglichst benutzerfreundlich zu gestalten: Zu jedem Wort werden nur die Bedeutungen angegeben, die in der jeweiligen Lektion für das Textverständnis notwendig sind. Wörter, die zunächst im fakultativen Auswahlprogramm oder im Phonetikteil eingeführt wurden, werden bei ihrem ersten Auftreten im Kernprogramm nochmals gelistet.

In das Glossar nicht aufgenommen wurden geographische und Personennamen. Dagegen wurden Wörter berücksichtigt, die in Grafiken und Bildern des Lehrbuches enthalten sind. Weniger geläufige Begriffe werden kurz erklärt.

Wörter, die in der Liste zum «Zertifikat Deutsch als Fremdsprache» des Goethe-Institutes enthalten sind, wurden fett gedruckt. Diese Hervorhebung scheint uns für Lerner und Lehrer gleichermaßen bedeutsam. Abgesehen davon, daß jedes Wort einer Sprache wichtig ist, wollten wir mit den markierten Wörtern Prioritäten beim Erwerb des Wortschatzes setzen. Wer das Glossar zum Wortschatzstudium verwendet, sollte sich deshalb auf diese Wörter konzentrieren. Auch im Hinblick darauf, daß sie zum Beispiel bei der Zertifikatsprüfung vorausgesetzt werden.

Vor Lektion 1 sind die grammatischen Begriffe zusammengefaßt, die im Lehrbuch verwendet werden sowie Wörter und Wendungen, die in Anweisungen zu den Übungen vorkommen. Ein alphabetisch sortierter Index am Ende erleichtert das Auffinden von Wörtern, die nicht in der aktuellen Lektion stehen. Wo es sinnvoll erschien, wurde auch das Amerikanische Englisch einbezogen.

Zur alphabetischen Reihenfolge: die Umlaute ä, ö und ü werden wie ae, oe und ue behandelt.

Every effort has been made to make this glossary as easy to use as possible: for each word only those meanings are given which facilitate understanding of the word as used in the chapter in question. Words which are initially introduced in the optional sections or in the phonetics exercises are listed again when they first appear in the obligatory part of the course.

Geographical names and proper names have been omitted from the glossary. The words used in the drawings and illustrations have, however, been included. Where necessary, less common expressions are accompanied by a brief explanation.

Words contained in the Goethe Institute's list for the "Certificate of German as a Foreign Language" appear in boldface, a feature we consider equally useful to both the teacher and the student. While every word in a language is important, the highlighting of these terms is intended to set certain priorities in the acquisition of vocabulary. Anyone using this glossary for the purpose of learning vocabulary should therefore concentrate on these words, particularly in view of the fact that they are a requirement for the Certificate examination.

The glossary begins with a list of all the grammatical terms occurring in the textbook and of the words and expressions used in the instructions accompanying the exercises. An alphabetical index at the end of the glossary facilitates the finding of words which do not appear in the chapter currently being studied. Wherever relevant, both British and American terms are given.

Finally, a note on alphabetical order: the modified vowels ä, ö and ü are treated like ae, oe and ue.

Wörter und Wendungen der Anweisungen	Words and expressions used in the instructions
das Adjektiv, -e	adjective
das Adverb, -ien	adverb
ähnlich	similar
der Akkusativ, -e	accusative
der Akzent, -e	stress, accent
der Wortakzent, -e	stress within a word
die Analyse, -n	analysis
das Anführungszeichen, -	quotation marks
die **Antwort**, -en	answer
Antworten Sie frei!	Answer as you please.
Antworten Sie in ganzen Sätzen!	Answer in complete sentences.
Antworten Sie bitte positiv!	Please give a positive/affirmative answer.
der **Artikel**, -	article
der bestimmte Artikel	definite article
der unbestimmte Artikel	indefinite article
die **Aufgabe**, -n	exercise, task
die Auswahl	choice, selection
das Ausrufezeichen, -	exclamation mark/point
bauen	to construct
Bitte bauen Sie Sätze!	Please construct sentences.
Beachten Sie!	Note!
die **Bedeutung**, -en	meaning, significance
das **Beispiel**, -e	example
zum Beispiel	for example
Benutzen Sie das Wörterbuch!	Use your dictionary.
die Betonung	stress, emphasis
das **Bild**, -er	picture
Welche Bilder passen?	Which pictures fit? Which are the right pictures?
die Bildgeschichte, -n	story in pictures
der Bindestrich, -e	hyphen
bitte	please
der Buchstabe, -n	letter of the alphabet
buchstabieren	to spell
der Dativ, -e	dative
das Demonstrativum, -a	demonstrative *(adjective or pronoun)*
der Dialog, -e	dialogue
kleiner Dialog	short dialogue
das Diktat, -e	dictation
dirigieren	to direct; *here:* to govern
die **Diskussion**, -en	discussion
der Doppelpunkt, -e	colon

Wörter und Wendungen der Anweisungen	Words and expressions used in the instructions
das Element, -e	element
das **Ende**	end
die Endung, -en	ending
ergänzen	to complete, to add
die Ergänzung, -en	completion, addition, complement
fakultativ	optional
familiär	familiar, informal
feminin	feminine
finden	to find
die **Form**, -en	form
formell	formal
die **Frage**, -n	question
Fragen zur Szene	questions on the scene/sketch
die Ja-Nein-Frage	question to which the answer is yes or no
die W-Frage	question beginning with W
fragen	to ask
das Fragepronomen, -	interrogative pronoun
das Fragewort, -"er	interrogative word/particle
das Fragezeichen, -	question mark
frei	free, freely
Antworten Sie frei!	Answer as you please.
das Fremdwort, -"er	foreign word
führen	to lead
ein Gespräch führen	to hold a conversation
der Gedankenstrich, -e	dash
das **Gegenteil**, -e	opposite, contrary
das Geschlecht, -er	gender
geschlossen	closed
das **Gespräch**, -e	conversation
die Gesprächsübung, -en	conversation exercise/practice
das Grundwort, -"er	basic word, root
die **Gruppe**, -n	group
in kleinen Gruppen	in small groups
der Hauptsatz, -"e	main/principal clause
heißen	to be called; to mean
Wie heißt ...?	What is ... called? How does one say ...? What is the meaning of ...?
das Hilfsverb, -en	auxiliary (verb)
hören	to listen; to hear
hören und verstehen	listen and understand
die Imitation, -en	imitation

Wörter und Wendungen der Anweisungen	Words and expressions used in the instructions
individuell	individual
der Infinitiv, -e	infinitive
die **Information**, -en	information
das Kapitel, -	chapter
der Kasus, -	case
das Kernprogramm, -e	obligatory part of the course
die Klammer, -n	parenthesis, bracket
die Kombination, -en	combination
das Komma, -s	comma
die Komparation, -en	comparison
der Komparativ, -e	comparative
die Konjunktion, -en	conjunction
nebenordnende Konjunktion	coordinating conjunction
der Konsonant, -en	consonant
die **Kontrolle**, -n	control, check
korrigieren	to correct
die Korrektur, -en	correction
laut	aloud
lesen	to read
der Lesetext, -e	text for reading
die **Liste**, -n	list
das Lückendiktat, -e	dictation with gaps
maskulin	masculine
das **Material**, -ien	material; *here:* exercises
(weitere) Materialien zur Auswahl	(additional) material/exercises to choose from
die Modalpartikel, -n	modal particle/adverb
das Modalverb, -en	modal auxiliary/verb
die **Möglichkeit**, -en	possibility
Möglichkeiten zum Einstieg	Some ideas to begin with
mündlich	oral
der Nebensatz, -"e	subordinate clause
negativ	negative
das Nomen, -	noun, substantive
die Nomengruppe, -n	nominal group
der Nominativ, -e	nominative
neutrum	neuter
notieren	to take notes, to make a note of s.th.
die Notiz, -en	note
die **Nummer**, -n	number
ordnen	to classify; to sort; to put into the correct order
das Partizip, -ien	participle

Wörter und Wendungen der Anweisungen	Words and expressions used in the instructions
passen	to fit; to match; to go together
das Perfekt, -e	present perfect tense
die **Person**, -en	person
das Personalpronomen, -	personal pronoun
die Phonetik	phonetics
phonetisches Zwischenspiel	phonetic interlude
das Plenum, -en	*here:* the whole group; all together
der Plural, -e	plural
die Position, -en	position
der Positiv, -e	positive
das Possessivum, -a	possessive *(adjective or pronoun)*
das Präfix, -e	prefix
das Präsens, -tia	present tense
das Präteritum, -a	past tense
das Pronomen, -	pronoun
die Prosodie, -n	prosody
prosodisch	prosodic
der **Punkt**, -e	full stop, period, point
das Rätsel, -	puzzle, riddle
Raten Sie!	Guess! Have a guess!
die Redeübung, -en	speaking exercise
die **Regel**, -n	rule
die **Rolle**, -n	role
Ihre Rolle, bitte!	This is your role. Play your role.
der **Satz**, -"e	sentence; clause
das Satzzeichen, -	punctuation mark
schreiben	to write
die Schreibschule	*here:* creative writing exercise
die **Schrift**, -en	writing
schriftlich	written, in writing
der **Schüler**, -	pupil; student
der Schüttelkasten, -"	jumble box
die **Seite**, -n	page
der Singular, -e	singular
das **Spiel**, -e	game
spielen	to play
Spielen Sie ohne Worte!	Act out without speaking. Mime.
sprechen	to speak
Bitte sprechen Sie!	Please speak now.
stehen	to stand; *here:* to be written
Wo steht das?	Where does it say that?
	Where is that to be found?
stimmen	to be correct, to be right

Wörter und Wendungen der Anweisungen	Words and expressions used in the instructions
Welche Sätze stimmen?	Which sentences are correct?
der Strichpunkt, -e	semicolon
die Studie, -n	*here:* exercise
studieren	to study
Studieren Sie die Signale!	Look closely at the signals.
suchen	to look for, to seek
suchen und finden	seek and find
der Superlativ, -e	superlative
die Szene, -n	scene; sketch
die Tabelle, -n	table
der **Teil**, -e	part, section
der **Text**, -e	text
die Textarbeit, -en	comprehension exercise; questions on the text
die **Überschrift**, -en	title; heading
die Übung, -en	exercise, practice
der Umlaut, -e	umlaut, modified vowel
die **Unterhaltung**, -en	conversation; talk; dialogue
kleine Unterhaltung	short conversation; little chat
unterscheiden	to differentiate; to make a distinction
Bitte unterscheiden Sie genau!	Please make a clear distinction.
die Variation, -en	variation
das Verb, -en	verb
regelmäßige Verben	regular verbs
unregelmäßige Verben	irregular verbs
trennbare Verben	separable verbs
nicht-trennbare Verben	inseparable verbs
vergleichen	to compare
verstehen	to understand
der Vokal, -e	vowel
die Vorbereitung, -en	preparation
wählen	to choose, to select
die **Werkstatt**, -"en	workshop
das **Wort**, -"er	word
das richtige Wort	the right/correct word
das **Wörterbuch**, -"er	dictionary
die Wortposition, -en	word order; the position of a word
die **Zeile**, -n	line

der Abend, -e	evening
aber	but
der **Alkohol**	alcohol
alle	all
alt	old
an	at; on
am Mittag	at midday, at noon
der **andere**	other
die **Antwort**, -en	answer
antworten	to answer
der Apfelkuchen, -	apple cake/pie
der Apfelsaft, -"e	apple juice
der **Arbeiter**, -	worker; blue-collar worker
die Arbeiterin, -nen	(female) worker
auch	also, too, as well
auf	on
Auf Wiedersehen!	Goodbye!
die Auswahl	choice
zur Auswahl	to choose from
das **Baby**, -ies	baby
die Banane, -n	banana
die **Bank**, -en	bank
der Bankkaufmann, -leute	bank clerk
die Bar, -s	bar
die Bardame, -n	barmaid
bauen	to form; to construct
die **Bedeutung**, -en	meaning; significance
die **Bedienung**, -en	waiter; waitress
beginnen	to begin, to start
bei	*here:* at s.o.'s home
das **Beispiel**, -e	example
benutzen	to use
der **Beruf**, -e	job; profession
das **Bier**, -e	beer
das **Bild**, -er	picture
die Bildgeschichte, -n	story in pictures
(ich) **bin**	(I) am
bitte	please
der **Blick**, -e	*here:* view
bringen	to bring
der **Bus**, -se	bus
der Champagner	champagne
die Chemikerin, -nen	(female) chemist, chemical engineer
der Cognac, -s	cognac

da	there
Da kommt unser Kaffee.	Here comes our coffee.
dafür	*here:* in favour of this
die **Dame**, -n	lady
danke	thank you, thanks
das Dia, -s	transparency, slide
der Dialog, -e	dialogue
der Diplomat, -en	diplomat
dringend	urgent; *here:* strongly
das **Ei**, -er	egg
einige	some, a few
der Einstieg, -e	*here:* start
zum Einstieg	for a start, to begin with
das Element, -e	element
der **Empfang**, -"e	reception; welcome;
	here: greeting the students/participants
empfehlen	to recommend
essen	to eat
familiär	familiar; informal
die **Familie**, -n	family
der Familienname, -n	surname, last name
das Farbdia, -s	colour slide/transparency
die **Farbe**, -n	colour
feminin	feminine
der Filter, -	filter
finden	to find
der **Fisch**, -e	fish
die **Flasche**, -n	bottle
formell	formal
die **Frage**, -n	question
die **Frau**, -en	woman
frei	free
frisch	fresh
das **Frühstück**, -e	breakfast
für	for
der **Gast**, -"e	guest
geben	to give
gehen	to go
Wie geht es Ihnen?	How are you?
gern	with pleasure; willingly
Ich trinke gern Bier.	I like to drink beer.
das **Getränk**, -e	drink
das **Glas**, -"er	glass
grammatisch	grammatical

groß	large, big
der **Grund**, -"e	reason
die **Gruppe**, -n	group
gut	good; well
Geht es Ihnen gut?	Are you well?
Guten Abend!	Good evening!
das Hähnchen, -	chicken
heißen	to be called; to mean
der **Herr**, -en	gentleman, man
Herr Pfeil	Mr. Pfeil
heute	today
hier	here
hören	to hear; *here:* to listen
das **Hotel**, -s	hotel
immer	always
in	in
im Restaurant	at the restaurant
in Frankfurt	in Frankfurt
der Ingenieur, -e	engineer
irgend	*here:* at all
wenn irgend möglich	if it's at all possible
(er/sie/es) **ist**	(he/she/it) is
das ist ...	*here:* this is ...
ja	yes
der Joghurt, -s	yoghurt
das Kännchen, -	small pot *(of coffee or tea)*
der **Kaffee**, -s	coffee
der Kakao, -s	cocoa; hot chocolate
kalt	cold
das Kapitel, -	chapter
der Kaufmann, -leute	businessman; commercial employee
das Kernprogramm, -e	obligatory part of the course
das **Kind**, -er	child
klein	small, little
können	can, to be able
die Kombination, -en	combination
kommen	to come
die **Kontrolle**, -n	control, check
der Krankenpfleger, -	male nurse
die **Krankenschwester**, -n	nurse
der **Lehrer**, -	teacher
das Lehrerheft, -e	teacher's book
die Lehrerin, -nen	(female) teacher
die **Leute**	people

lieber (*Komparativ von* **gern**)	rather
Trinken Sie Tee?	Do you drink tea?
- Nein, lieber Kaffee.	- No, I prefer coffee.
die Limonade, -n	lemonade
die **Lösung**, -en	answer, solution
das **Mädchen**, -	girl
der **Mann**, -"er	man
maskulin	masculine
das **Material**, -ien	material; *here:* exercises
die **Milch**	milk
das Mineralwasser, -"	mineral water
mit	with
der **Mittag**, -e	midday, noon
(ich) **möchte**	(I) would like
möglich	possible
die **Möglichkeit**, -en	possibility
der **Morgen**	morning
mündlich	oral
der Musiker, -	musician
die Musikerin, -nen	(female) musician
nach	*here:* according to
die Nacht, -"e	night
der **Name**, -n	name
nehmen	to take
Nehmen Sie Kaffee?	Will you have some coffee?
	Would you like some coffee?
Nehmen Sie Platz!	Take a seat. Have a seat.
nein	no
neutrum	neuter
nicht	not
nie	never
das Nomen, -	noun, substantive
der **Ober**, -	waiter
oder	or
ohne	without
der Orangensaft, -"e	orange juice
ordnen	to classify; to sort; to put into the correct order
das **Papier**, -e	paper
die Pfeife, -n	pipe
der Pilot, -en	pilot
die Pizza, -s (-en)	pizza
das **Plakat**, -e	announcement, notice
der **Platz**, -"e	*here:* seat

Nehmen Sie Platz!	Take a seat. Have a seat.
der Plural, -e	plural
das Präsens	present tense
der Prater	Prater *(amusement park in Vienna)*
der Priester, -	priest
der Professor, -en	professor
das Pronomen, -	pronoun
Prost!	Cheers!
raten	to guess
rauchen	to smoke
das **Restaurant**, -s	restaurant
richtig	correct, right
das Riesenrad, -"er	Ferris wheel, big wheel
der Rotwein, -e	red wine
der Saft, -"e	juice
der **Satz**, -"e	sentence
schlecht	bad
Wie geht es Ihnen?	How are you?
- Danke, nicht schlecht.	Not too bad, thanks.
das **Schloß**, -"sser	castle, palace
die Schokolade, -n	chocolate
schreiben	to write
schriftlich	written, in writing
der **Schüler**, -	pupil
der **Schüttelkasten**, -"	jumble box
sehr	very
die **Sekretärin**, -nen	secretary
siehe	see *(imperative)*
siehe Lehrerheft	see teacher's book
der Singular, -e	singular
sofort	immediately, at once
die Spaghetti	spaghetti
das **Spiel**, -e	game
spielen	to play
sprechen	to speak
der Stephansdom	St. Stephen's cathedral *(in Vienna)*
die Stewardess, -en	stewardess, air hostess
der **Student**, -en	student
die Studentin, -nen	(female) student
die Studie, -n	*here:* exercise
suchen	to look for, to seek
die Szene, -n	scene; sketch
der **Tag**, -e	day
Guten Tag!	Hello. How do you do.

die **Tageszeit**, -en	time of day
die **Tasse**, -n	cup
der **Tee**, -s	tea
die Textarbeit, -en	comprehension exercise; questions on the text
der **Tisch**, -e	table
die Tomate, -n	tomato
trinken	to drink
und	and
die **Unterhaltung**, -en	conversation; chat
die Variation, -en	variation
der **Vater**, -"	father
verstehen	to understand
viel	much, many
vielleicht	perhaps, maybe
von	from
Was sind Sie von Beruf?	What is your profession/job?
der **Vorname**, -n	Christian name, first name
der **Vorschlag**, -"e	suggestion, proposal
warm	warm; *here:* hot
warum	why
was	what
das **Wasser**, -"	water
der **Wein**, -e	wine
der **Weißwein**, -e	white wine
wenn	if; when
wenn möglich	if possible
der Whisky	whisky
wie	how
Wie ist Ihr Name?	What is your name?
das **Wiedersehen**	seeing each other again, meeting again
Auf Wiedersehen!	Goodbyc!
das **Wörterbuch**, -"er	dictionary
das **Wort**, -"er	word
wünschen	to wish, to desire
die **Zigarette**, -n	cigarette
die Zitrone, -n	lemon
zu	*here:* for
viele Gründe ... zu benutzen	many reasons for using ...
der **Zucker**	sugar

aber	but *(frequently not translated)*
Das ist aber teuer!	Goodness, that is expensive!
das Adjektiv, -e	adjective
die Analyse, -n	analysis
die Ananas, -	pineapple
die **Antwort**, -en	answer
der **Apfel**, -"	apple
der Apfelreis	rice with apples
die **Apotheke**, -n	chemist's, pharmacy
das Aspirin	aspirin
die **Aufgabe**, -n	exercise; task
aus	from
von ... aus	from ...
Be. (der Becher, -)	*here:* carton, tub *(e.g. for yoghurt)*
der **Beamte**, -n (ein Beamter)	official; civil servant; clerk
das **Beispiel**, -e	example
bekommen	to get; to receive; to obtain
Fisch bekommen Sie im ...	You can get fish at ...
Wieviel Geld bekommt der Mann zurück?	How much money does the man get back?
(der) **beste**	(the) best
die Biene, -n	bee
der Bienenhonig	honey
billig	cheap
die **Birne**, -n	pear
der Blumenkohl	cauliflower
der **Brief**, -e	letter
die **Briefmarke**, -n	postage stamp
das **Brötchen**, -	(bread) roll, bun
das **Brot**, -e	bread
das **Buch**, -"er	book
die Buchhandlung, -en	bookshop, bookstore
die **Butter**	butter
das **Café**, -s	café
der Chianti, -s	Chianti
cm (der Zentimeter, -)	cm (centimetre)
dann	then
demokratisch	democratic
Deutsche Demokratische Republik (DDR)	German Democratic Republic (GDR)
das Diktat, -e	dictation
DM (die Deutsche Mark)	DM (German mark)
Dr. (der **Doktor**, -en)	Dr. (Doctor)
EG (die Europäische Gemeinschaft)	EC (European Community)

die Eilzustellung, -en	express/special delivery
eineinhalb	one and a half
das Einkaufsgespräch, -e	conversation with sales assistant
der Einkaufszettel, -	shopping list
das **Einschreiben**, -	recorded delivery
die Einzahlung, -en	deposit, payment (into an account)
der Eissalat, -e	iceberg lettuce
der Emmentaler	emmentaler *(Swiss cheese)*
etwas	something; *here:* some, a little
fakultativ	optional
das **Ferngespräch**, -e	long-distance call
der **Film**, -e	film
der Fischladen, -"	fish shop, fishmonger's
das Fotogeschäft, -e	photographic shop
die **Frage**, -n	question
der Franken, -	Swiss franc
der **Freund**, -e	friend
frisch	fresh
der Frischkäse, -	cream cheese
führen	to lead; *here:* to hold
ein Gespräch führen	to hold a conversation
die Gärtnerei, -en	*here:* market garden
das **Geld**, -er	money
gelten	to apply, to be valid
das **Gemüse**	vegetable
gewinnen	to win
Gl. (das **Glas**)	glass
der Groschen, -	groschen *(Austrian currency)*
die Gurke, -n	cucumber
haben	to have
Haben Sie Zitronen?	Have you (got) any lemons?
halb	half
heiß	hot
herzlich	hearty
herzliche Grüße	kind regards
hoch	high
der Honig	honey
der **Hut**, -"e	hat
immer	always
das Inland	inland
der **Käse**	cheese
das Kapitel, -	chapter
die **Karte**, -n	card, postcard
die **Kartoffel**, -n	potato

kaufen	to buy, to purchase
kein	no
kg (das Kilogramm, -)	kg (kilogramme)
das Kilo, -s	kilo
der **Kiosk**, -e	kiosk
Kl. (die **Klasse**, -n)	quality class
kosten	to cost
der **Kuchen**, -	cake
der **Kunde**, -n	customer
l (der Liter, -)	l (litre)
die **Landkarte**, -n	map
laut	aloud
die Leberpastete, -n	liver pâté
die Leberwurst, -"e	liver sausage
lesen	to read
lieb	dear
links	to the left
die **Liste**, -n	list
der Liter, -	litre
die Luftpost	airmail
machen	to make
Das macht 7 DM.	That will be 7 marks.
die Mandarine, -n	mandarine (orange)
die **Mark**	mark
der **Markt**, -"e	market
die Mathematik	mathematics
der **Mond**, -e	moon
nach	*here:* to
die Navelorange, -n	navel orange
das Netz, -e	net
neu	new
die Nomengruppe, -n	the nominal group
der Nominativ, -e	nominative
notieren	to note, to make a note of
die **Nummer**, -n	number
nur	only
das **Obst**	fruit
ÖS (der Österreichische Schilling)	ÖS (Austrian schilling)
die Orange, -n	orange
der **Osten** (Ost)	east
der Paprika	(red/green) peppers
per Flasche	per bottle, the bottle
der Pfennig, -e	pfennig
das Pfund, -e	pound *(weight)*

die **Post**	post office
der Postbeamte, -n	post office clerk
das Postgespräch, -e	conversation at the post office
die **Postkarte**, -n	postcard
der Postsparkassendienst, -e	post-office savings bank
die Praline, -n	a chocolate, candy
der **Preis**, -e	price
preiswert	inexpensive, reasonably priced
der Qualitätswein, -e	good quality wine, vintage wine
der Rappen, -	rappen *(unit of Swiss currency)*
die **Rechnung**, -en	bill
rechts	on the right
der **Reis**	rice
die Republik, -en	republic
die **Rolle**, -n	role
die Rosine, -n	raisin
die **Rückseite**, -n	reverse, back
der Rum	rum
sagen	to say
der **Salat**, -e	salad; *here:* lettuce
die **Schachtel**, -n	box; *here:* packet
der Schilling, -e	schilling *(Austrian currency)*
der Schinken	ham
der Schnaps, -"e	schnaps, strong liquor, spirits
schwarz	black
senden	to send
das Signal, -e	signal
die Skizze, -n	sketch
so	so, such
So eine schlechte Zeitung!	What a bad newspaper!
der Sommer, -	summer
der Sonnenhut, -"e	sun hat
St. (Sankt = heilig)	St. (saint)
St. (das **Stück**, -e)	piece; *here:* each
stammen	*here:* to be by ...
das **Stück**, -e	piece; *here:* each
süß	sweet
der **Supermarkt**, -"e	supermarket
die **Tafel**, -n	*here:* bar (of chocolate)
der Tafelwein, -e	table wine
die Telefonnummer, -n	telephone number
das **Telegramm**, -e	telegramme
teuer	expensive
der **Text**, -e	text

toll	great, fantastic
die Tomate, -n	tomato
die Torte, -n	cake, gateau
die Traube, -n	grape; bunch of grapes
der **Unterricht**	instruction; *here:* lesson
der **Urlaub**, -e	holiday, vacation
der **Verkäufer**, -	salesman, shop assistant
verkaufen	to sell
vor	before; in front of
vorlesen	to read out (loud)
weitere	further, additional
welche	which
der Wertbrief, -e	registered/insured letter
der **Westen** (West)	west
wieviel	how much, how many
der Winter, -	winter
würfeln	to throw dice
die **Wurst**, -"e	sausage
die **Zahl**, -en	number
zeigen	to show
die **Zeitung**, -en	newspaper
zurück	back
zurückbekommen	to get back
zusammen	together; *here:* all together

33jährig	33-year-old *(adj.)*
aber	but
das Abitur, -e	school-leaving examination *(A level; high-school graduation)*
die **Adresse**, -n	address
der **Arzt**, -"e	physician, doctor
die **Ärztin**, -nen	(female) physician, doctor
die Akademie, -n	academy; college
die Akrobatin, -nen	(female) acrobat
allein	alone
das Alphabet, -e	alphabet
als	*here:* as, in the capacity of
anders	different
arbeiten	to work
der Architekt, -en	architect
die Architektin, -nen	(female) architect
die Atomphysik	nuclear physics
auch	also, too, as well
die «Augsburger Allgemeine»	the "Augsburger Allgemeine" *(newspaper)*
aus	from (a place)
Sind Sie aus Zürich?	Are you from Zürich?
ausgezeichnet	excellent
der **Ausländer**, -	foreigner
aussehen	to look, to appear
das **Auto**, -s	car, automobile
das Autokennzeichen, -	car number plate, car license plate
die Bäuerin, -nen	farmer's wife
die **Bank**, -en	bank
der **Bauch**, -"e	belly; stomach
die Bedienung, -en	waiter; waitress
beide	both
bekannt	well-known
der **Beruf**, -e	profession; job
das **Bett**, -en	bed
(ich) **bin**	(I) am
die Biologie	biology
(du) **bist**	(you) are
brauchen	to need
der **Brief**, -e	letter
der **Bruder**, -"	brother
das **Buch**, -"er	book
die Buchhändlerin, -nen	(female) bookseller
der Buchstabe, -n	letter of the alphabet

buchstabieren	to spell
der Bundespräsident, -en	President of the Federal Republic of Germany
der **Bus**, -se	bus
das **Café**, -s	café
der Cassettenrecorder, -	cassette recorder
die CDU (Christlich Demokratische Union)	CDU (Christian Democratic Union)
Celsius	Celsius, centigrade
der **Chef**, -s	boss
die Chefin, -nen	(female) boss
die Chemie	chemistry
der Chemiker, -	chemist; chemical engineer
cm (der Zentimeter, -)	cm (centimetre)
denn	*here:* then *(frequently not translated)*
der Diplomat, -en	diplomat
die Disco, -s	disco
doch	*here:* yes; oh, yes! *(used for emphasis)*
der Dozent, -en	teacher, lecturer *(at a university)*
die Dozentin, -nen	(female) lecturer
Dr. (der **Doktor**, -en)	Dr. (Doctor)
dumm	stupid, silly
durch	through, across
das **Elektrogeschäft**, -e	electrical shop
der Elektroingenieur, -e	electrical engineer
die **Eltern**	parents
ergänzen	*here:* to add, to fill in
das **Essen**	*here:* food, cuisine
etc. (lat.: et cetera = und so weiter)	etc., and so on
der Evangelist, -en	Evangelist
die **Fabrik**, -en	factory
der **Fachmann**, -leute	expert, specialist
die **Familie**, -n	family
fehlen	to be missing
der **Film**, -e	film
fließend	fluent
der **Flughafen**, -"	airport
das **Fräulein**, -	Miss, young woman
das Fragezeichen, -	question mark
freiberuflich	free-lance
der **Freund**, -e	friend
der Frühling	spring
ganz	*here:* completely
gebraucht	second-hand, used

die **Geburt**, -en	birth
der Geburtsort, -e	place of birth
genau	exactly
gerade	*here:* just; at the present time
Sie trampt gerade durch Europa.	She is hitchhiking across Europe.
gesund	healthy, in good health
geworden	become *(past participle)*
gleich	immediately, at once
das Gramm, -	gramme
der **Großvater** , -"	grandfather
der **Gruß**, -"e	greeting
das **Gymnasium**, -en	grammar school
die Hals-Nasen-Ohrenärztin, -nen	(female) ear, nose and throat specialist
der Hals-Nasen-Ohrenarzt, -"e	ear, nose and throat specialist
(du) **hast**	(you) have
(er/sie/es) **hat**	(he/she/it) has
das **Haus**, -"er	house
zu Hause	at home
das Heimatland, -"er	homeland, native country
herzlich	*here:* kind regards
die **Hochschule**, -n	university
IC (der Intercity, -s)	IC (Intercity train)
der Infinitiv, -e	infinitive
interessant	interesting
das Interview, -s	interview
das **Jahr**, -e	year
jetzt	now
der **Journalist**, -en	journalist
jung	young
die **Kasse**, -n	cashdesk, cash register, check-out
der Kinderarzt, -"e	paediatrician
der Kinderbrief, -e	a child's letter
das **Kino**, -s	cinema
die Klavierlehrerin, -nen	(female) piano teacher
der Klavierunterricht	piano lesson(s)
die **Klinik**, -en	clinic
km (der Kilometer, -)	km (kilometre)
der **Kollege**, -n	colleague
die Kollegin, -nen	(female) colleague
das Komma, -s	comma
das Konservatorium, -en	conservatory
der Konsonant, -en	consonant
das **Krankenhaus**, -"er	hospital
der Krimi, -s	crime story, detective story

der **Kunde**, -n	customer
die Kundin, -nen	(female) customer
der **Kurs**, -e	course
die Laborantin, -nen	(female) laboratory assistant
der **Laden**, -"	shop, store
langsam	slow
leben	to live
ledig	unmarried, single
die Lehrerin, -nen	(female) teacher
leider	unfortunately
lernen	to learn
der Lesetext, -e	text for reading
lieb	dear
der Mäusefänger, -	mouse catcher
die Mama, -s	Mummy, Mum
die **Maschine**, -n	machine
das Max-Planck-Institut, -e	The Max Planck Institute *(for scientific research)*
die **Medizin**	medicine
messen	to measure
der **Monat**, -e	month
müde	tired
der Musikstudent, -en	student of music
die **Mutter**, -"	mother
die **Muttersprache**, -n	native language, mother tongue
nach	*here:* to
nachts	at night
natürlich	naturally, of course
nett	nice; kind
die «Neue Ruhrzeitung»	the "Neue Ruhrzeitung" *(newspaper)*
noch	still
die **Nummer**, -n	number
nun	now
nur	only
der Papa, -s	Daddy, Dad
passen	to fit
der Patient, -en	patient
die **Pfeife**, -n	pipe
die Pharmazie	pharmacy
die Philosophie, -n	philosophy
die Physik	physics
das Plenum, -en	*here:* the whole group; all together
die **Politik**	politics
der **Politiker**, -	politician

die **Post**	post office; mail
prima	very good/well; fine
die Psychologie	psychology
die Psychologin, -nen	(female) psychologist
der Punkt, -e	full stop, period, point
die **Putzfrau**, -en	cleaning woman
regnen	to rain
der Rentner, -	pensioner, retired person
der Reporter, -	reporter
sammeln	to collect
schachspielen	to play chess
die Schauspielerin, -nen	actress
schnell	fast
schön	beautiful, nice
schon	already
die **Schreibmaschine**, -n	typewriter
die Schülerin, -nen	schoolgirl, (female) pupil
das Schuhgeschäft, -"e	shoe shop/store
die **Schule**, -n	school
die Schwimmerin, -nen	(female) swimmer
schwimmen	to swim
(ihr) **seid**	(you) are
sein	to be
(Sie/sie) **sind**	(you/they) are
der **Sohn**, -"e	son
spät	late
die SPD (Sozialdemokratische Partei Deutschlands)	SPD (German Social Democratic Party)
der Spezialist, -en	specialist
die SPÖ (Sozialistische Partei Österreichs)	SPÖ (Austrian Socialist Party)
der Sportlehrer, -	sports teacher
die Sportlehrerin, -nen	(female) sports teacher
das Sprachinstitut, -e	language institute/school
die **Stadt**, -"e	town
stammen	*here:* to be by
stehen	to stand; *here:* to be written
stimmen	to be correct
die **Straße**, -n	street, road
studieren	to study
die Stunde, -n	hour
sympathisch	pleasant, likable
täglich	daily, every day
die **Tante**, -n	aunt

das **Telefon**, -e	telephone
die Telefonnummer, -n	telephone number
das **Theater**, -	theatre
der Theaterdirektor, -en	theatre director/manager
die Theologie	theology
der Tierarzt, -"e	veterinarian
trampen	to hitchhike
tschüs!	bye-bye! *(informal)*
tun	to do
über	*here:* over, more than
der Umlaut, -e	umlaut, modified vowel
die Uni, -s	university
die **Universität**, -en	university
die Universitätsbuchhandlung, -en	university bookshop
die Universitätsklinik, -en	university clinic/hospital
usw. (und so weiter)	etc., and so on
verdienen	to earn
verheiratet	married
die Verkäuferin, -nen	salesgirl, saleswoman
die **Verzeihung**	*here:* excuse me
der Vokal, -e	vowel
voll	full
vor allem	above all
wahrscheinlich	probably
warum	why
weg	*here:* away
weit	far
600 km weit weg	600 km away
wenig	little (a small amount)
wer	who
werden	to become
die **Werkstatt**, -"en	workshop
wichtig	important
wieder	again
wiegen	to weigh
der Winter, -	winter
wirklich	really
wo	where
die **Woche**, -n	week
woher	where ... from
wohnen	to live
der Wohnort, -e	place where one lives
das Wortende, -n	ending, end of a word
zahlen	to pay

der **Zahnarzt**, -"e	dentist
die **Zeile**, -n	line
der Zentimeter, -	centimetre
das **Zimmer**, -	room
der Zirkus, -sse	circus
zufrieden	satisfied

abends	in the evening
heute abend	this evening
der Akkusativ, -e	accusative
also	*here:* well, ...
das **Auge**, -n	eye
das **Bad**, -"er	bathroom
baden	to bathe, to take a bath
der Ball, -"e	ball
der **Bauer**, -n	farmer, peasant
bekannt	well-known, famous
der **Berg**, -e	mountain
besonders	particularly, especially
besuchen	to visit
der Bikini, -s	bikini
bis	until, to
bleiben	to stay
blöd	stupid
boxen	to box
das **Büro**, -s	office
charakterisieren	to characterize; to describe
der Diktattext, -e	dictation text
der **Doktor**, -en	doctor
die **Ehe**, -n	marriage
einführen	to introduce
das **Eis**	icecream
der Eiskaffee, -s	ice coffee
endlich	finally; at last
die **Entschuldigung**, -en	apology; *here:* excuse me
ermorden	to murder
ernst	serious
fahren	to go *(by some form of transport)*
Fahren Sie Ski?	Do you ski?
Fahren Sie gern Rad?	Do you like riding a bicycle?
Ich fahre nach Prag.	I am going to Prague.
das **Fahrrad**, -"er	bicycle
fertig	ready; finished
die Filmkamera, -s	cine camera, film camera
die Filmkomödie, -n	comedy film
der Filmtitel, -	film title
die Fortsetzung, -en	continuation
das **Foto**, -s	photo
der Fotoapparat, -e	camera
fotografieren	to photograph, to take a photograph
die Freizeit, -en	leisure time

die Freundin, -nen	girlfriend
der Friedenskongreß, -sse	peace congress
der **Fuß**, -"e	foot
zu Fuß	on foot
der **Fußball**, -"e	football
gastfreundlich	hospitable
das **Gegenteil**, -e	opposite, contrary
die Gitarre, -en	guitar
das Grundwort, -"er	basic word, root
halb	half
halb drei	half past two
Hallo!	Hello! *(informal)*
der Hauptsatz, -"e	main clause
heimgehen	to go home
hell	light; bright
herrlich	wonderful, marvellous
das **Herz**, -en	heart
historisch	historic
intelligent	intelligent
(sich) **interessieren**	to interest; to be interested
der Jazzkeller, -	bar/pub with a jazz band
die **Kabine**, -n	cubicle, cabin
das Käsebrot, -e	cheese sandwich
die **Kamera**, -s	camera
kennen	to know *(a person, place, etc.)*
der Kinobesuch, -e	visit to the cinema
klar	*here:* of course
die Klassik	the classical period *(music, literature)*
klassisch	classic(al)
das Klavier, -e	piano
kochen	to cook
der Kongreß, -sse	congress
der Konzertbesuch, -e	attending a concert
krank	sick, ill
kriegen	to get
kühl	cool
das **Land**, -"er	country
langweilig	boring, tedious
leid tun	
Tut mir leid.	I'm sorry.
die **Liebe**	love
die Liebesgeschichte, -en	love story
das Lückendiktat, -e	dictation with gaps
die **Lust**, -"e	desire, inclination

Hast Du Lust?	Would you like to?
lustig	funny, amusing
der **Mantel**, -"	coat
die **Marke**, -n	mark; *here:* stamp
der **Mensch**, -en	person, human being
die Minute, -n	minute
mitkommen	to accompany s.o., to go/come (along) with s.o.
der **Moment**, -e	moment
Moment!	Just a moment! Hold on!
morgen	tomorrow
das **Motorrad**, -"er	motorbike
die Mumie, -n	mummy
die **Musik**	music
nennen	to name, to give the name of
die Oper, -n	opera
das Parfüm, -s	perfume
der **Paß**, -"sse	passport
das **Personalpronomen**, -	personal pronoun
das **Pferd**, -e	horse
das Pferderennen, -	horse race
der Philosoph, -en	philosopher
planen	to plan
die Poliklinik, -en	outpatient department
die Position, -en	position
positiv	positive; *here:* in the affirmative
der Quatsch	nonsense
Quatsch!	Nonsense! Rubbish!
das **Rad**, -"er	*here:* bicycle
das Rätsel, -	puzzle, riddle
recht	correct, right
Ist das recht?	Is that alright? Is that O.K.?
reich	rich
reisen	to travel
reiten	to ride (a horse)
riesig	huge, enormous
der Roman, -e	novel
romantisch	romantic
die **Sahne**	cream
saubermachen	to clean
das Sauerkraut	sauerkraut
das Schach	chess
der **Schatten**, -	shadow, shade
der **Schuh**, -e	shoe

schwer	*here:* difficult, hard
das Schwimmbad, -"er	swimming pool
schwimmen	to swim
sehen	to see
die Seite, -n	*here:* page
senkrecht	vertical; *here:* down
sensationell	sensational
Servus!	bye-bye! *(informal)*
sicher	sure, certain
singen	to sing
der Ski, -	ski
skifahren	to ski
der Soldat, -en	soldier
sonnig	sunny
der Spaß, -"e	fun, enjoyment
Was macht Ihnen Spaß?	What do you enjoy (doing)?
Viel Spaß!	Have a good time!
spazierengehen	to go for a walk
der Sport	sport
das Sportzentrum, -en	sports centre
die Sprache, -n	language
das Stadion, -en	stadium
die Stirn, -en	forehead
die Straße, -n	street, road
die Stunde, -n	hour
der Tabak, -e	tobacco
die Tänzerin, -nen	(female) dancer
tanzen	to dance
der Taxifahrer, -	taxi driver
die Teetasse, -n	teacup
das Tennis	tennis
der Teufel, -	devil
der Theaterbesuch, -e	visit to the theatre
die Theaterkarte, -n	theatre ticket
das Theaterstück, -e	play, drama
das Tischtennis	table tennis
die Tomatensuppe, -n	tomato soup
tragen	*here:* to wear
die Trompete, -n	trumpet
turnen	to do gymnastics
um	*here:* at
um halb drei	at half past two
die Vanille	vanilla
das Verb, -en	verb

verwenden	to use
die Volksrepublik, -en	people's republic
waagerecht	horizontal; *here:* across
wann	when
warten	to wait
der Wasserball, -"e	water polo
das Weinglas, -"er	wine glass
weiß	white
die **Welt**, -en	world
die Weltsprache, -n	world language
wissen	to know
wunderschön	very beautiful
der Zirkusbesuch, -e	visit to the circus

abends	in the evening
Montag abend	(on) Monday evening
die Abendzeitung, -en	evening paper
ähnlich	similar
der Anlaß, -"sse	occasion, reason
der Apfelkuchen, -	apple cake, apple pie
der Apfelrotkohl	red cabbage with apple
der **Appetit**	appetite
der Aprikoseneisbecher, -	apricot sundae
die **Art**, -en	type, kind
der **Artikel**, -	article
der Ausgang, -"e	exit
außerdem	in addition, also
bedeuten	to mean
besonder	special, particular
blau	blue
die **Blume**, -n	flower
der Blumenladen, -"	florist's
der Blumenstrauß, -"sse	bouquet of flowers
der Boxer, -	boxer
der **Braten**, -	roast (meat)
die Bratkartoffel, -n	fried potato
der Brauch, -"e	custom, tradition
der Butterreis	rice with butter
der Champignon, -s	mushroom
das Champignonschnitzel, -	escalope (pork) with mushrooms
der **Dank**	thanks
Vielen Dank!	Thank you very much.
dazu	with (it)
das Dessert, -s	dessert
doch	*(used for emphasis; frequently not translated)*
der Eierlikör, -e	liqueur made with egg yolks
das Erdbeer-Champagner-Sorbet	strawberry and champagne sorbet
der **Fahrer**, -	driver
der **Fahrplan**, -"e	timetable *(bus, train, etc.)*
das Filet, -s	fillet
der Filettopf	casserole made with fillet (meat)
das **Fleisch**	meat
fliegen	to fly
fragen	to ask
garnieren	to garnish
das **Gasthaus**, -"er	restaurant; hotel
gespickter Rehrücken	larded saddle of venison

der **Gott**, -"er	God
der Grill, -s	grill
handgeschabte Spätzle	*Swabian speciality (kind of homemade noodles)*
hart	hard
hassen	to hate
das Hauptgericht, -e	main course
die **Hausfrau**, -en	housewife
das Herzerl, -n	little heart *(dialect)*
die **Hilfe**, -en	help
hineinstecken	to put in
das **Hobby**, -ies	hobby
individuell	individual
das Jägerschnitzel, -	escalope with mushrooms and herbs
die Jause	snack
der Käseteller, -	assorted cheeses, selection of cheeses
das Kalbsteak, -s	veal steak
das Kartoffelbällchen, -	small potato croquettes
der Knödel, -	dumpling *(southern German speciality made of potatoes or bread)*
können	can, to be able
die Kräuterbutter	herb butter
kriegen	to receive, to get
lang	long
Warten Sie schon lange?	Have you been waiting long?
laut	loud
der Liebesbrief, -e	love letter
die Limo, -s	lemonade
die **Mahlzeit**, -en	meal
Mahlzeit!	*greeting used at the table and at midday*
mal (= **einmal**)	sometime, one day
Vielleicht besuchst du uns mal?	Why don't you come and see us sometime?
man	one
mehr	more
Ich kann nicht mehr.	I can't manage (eat) any more.
das Menü, -s	menu *(i.e. a complete meal consisting of several courses)*
mittlere	in the middle
der Montag, -e	Monday
müssen	must, to have to
die Nachspeise, -n	dessert
nächst	nearest; next

die **Natur**	nature
Kalbsteak natur	plain veal steak
nennen	*here:* to call
die Nomengruppe	nominal group
oben	at the top
das Omelett, -s	omelette
Paniertes Schweinekotelett	pork chop fried in breadcrumbs
das Paprikaschnitzel, -	escalope with paprika
Pardon!	Sorry! Excuse me!
die **Person**, -en	person
die Pfanne, -n	frying pan
pflegen	to take care of; *here:* to cultivate
der Pyjama, -s	pyjamas
die Rahmpilze	mushrooms in cream sauce
das Rahmschnitzel, -	escalope in cream sauce
der Raucher, -	smoker
die **Reise**, -n	journey, trip
die Rentnerin, -nen	(female) pensioner, retired woman
das Rumpsteak, -s	rump steak
die Salatplatte, -n	assorted salads, mixed salad
der Salatteller, -	side salad
sauer	sour
scharf	spicy, hot
schenken	to give s.o. s.th. as a gift
der Schinken-Käse-Toast, -s	toast with ham and cheese
das Schinkenbrot, -e	bread with ham, ham sandwich
die Schlagsahne	whipped cream
schlank	slim, slender
schließlich	*here:* after all
schmecken	to taste
Wie schmeckt der Braten?	How do you like the roast?
Das schmeckt wie Papier.	It tastes like paper.
Schmeckt der Wein?	Do you like the wine?
Der Kaffee schmeckt prima.	The coffee tastes good.
das **Schnitzel**, -	escalope
die Schokoladentorte, -n	chocolate cake/gateau
die Schreibschule, -n	creative writing exercise
das Schweineschnitzel, -	escalope of pork
die **Schwester**, -n	sister
sehen	to see
der Senf	mustard
sollen	*here: expresses desired result of action*
die Spätzle	*Swabian speciality (kind of noodles)*
der Spaziergänger, -	person going for a walk

das Speckbrot, -e	sandwich/bread with streaky ham
die **Speisekarte**, -n	menu
der Spieler, -	player
der Sprecher, -	speaker
die Sprecherin, -nen	(female) speaker
das Stadtzentrum, -en	town/city centre
das Steak, -s	steak
stecken	*here:* to put
der Strauß, -"e	bouquet of flowers
die **Suppe**, -n	soup
täglich	daily, every day
der Tänzer, -	dancer
die **Toilette**, -n	toilet
die Tradition, -en	tradition
der Turner, -	gymnast
überbacken	au gratin, with cheese on the top
die **Überschrift**	title
unten	at the bottom
der Valentinstag	Valentine's Day
das Vanilleeis	vanilla icecream
verschieden	various
die Violine, -n	violin
die Vorspeise, -n	hors d'oeuvre, first course
die **Wahl**, -en	choice, selection
wollen	to want (to)
das Würstchen, -	small sausage
das Würstl, -	small sausage *(dialect)*
das Würzfleisch	ragout of spiced meat
wundervoll	wonderful
die **Zigarre**, -n	cigar
der Zigarettenautomat, -en	cigarette machine
das Zigeunerschnitzel, -	escalope with peppers
zusammenstellen	to put together, to compile
der Zwetschgenkuchen, -	plum cake
der Zwiebelrostbraten	sliced beef with fried onions

ängstlich	timid
die **Angst**, -"e	fear
der Autohändler, -	car dealer
die Batterie, -n	battery
das **Bein**, -e	leg
das **Benzin**	petrol, gas
bestehen	to consist of, to be made up of
bestimmt	*here:* definite
der bestimmte Artikel	definite article
bleifrei	unleaded
blöd	stupid; *here:* wretched
die **Blume**, -n	flower
brennen	to burn; *here:* to work *(light)*
der Computer, -	computer
das **Dach**, -"er	roof
der Diamant, -en	diamond
der Diktattext, -e	dictation text
dürfen	may, to be allowed to
wenn ich fragen darf	if you don't mind my asking
der **Durst**	thirst
einführen	to introduce
der Fahrradhändler, -	bicycle dealer
fallen	to fall
das **Fenster**, -	window
der Fernseher, -	television set
der Filmstar, -s	film star
die **Firma**, -en	company, business
der Fön, -e	hair-dryer
fragen	to ask
der **Friseur**, -e	hairdresser
gar nicht	not at all
der **Garten**, -"	garden
gefährlich	dangerous
gefallen	to please
Wie gefällt dir das Motorrad?	How do you like this motorbike?
gehören	to belong
gelb	yellow
der **General**, -e	general
das Gläschen, -	small glass
das **Glück**	luck
zum Glück	luckily, fortunately
gratulieren	to congratulate
Ich gratuliere!	Congratulations!
grün	green

halten	to stop
Halt!	Stop! Wait!
das Haschisch	hashish
heimkommen	to come home
die **Heizung**, -en	heating
das Hilfsverb	auxiliary (verb)
hineinpassen	to fit into s.th.
der **Hund**, -e	dog
der **Hunger**	hunger
intelligent	intelligent
Jura	(study of) law
das Juwel, -en	jewel
der Käufer, -	buyer, purchaser, customer
die Käuferin, -nen	(female) buyer, purchaser, customer
die Kaffeemaschine, -n	coffee machine
die **Kamera**, -s	camera
der Kanarienvogel, -"	canary
kaputt	broken
der Katalysator, -en	catalytic converter
die **Katze**, -n	cat
der Kaviar	caviar
der Kilometer, -	kilometre
die **Klasse**, -n	class
Klasse!	Great! Fantastic!
der **Koffer**, -	suitcase
komisch	strange, funny, comical
krank	sick, ill
der Kriminalroman, -e	crime novel, detective novel
kurz	short
die **Lampe**, -n	lamp
leid tun	
Tut mir leid	I'm sorry.
das **Loch**, -"er	hole
die **Lösung**, -en	answer, solution
das Lückendiktat, -e	dictation with gaps
luxuriös	luxurious
der März	March
das **Mehl**	flour
das Mikrofon, -e	microphone
die Million, -en	million
miserabel	wretched, lousy
modern	modern
der **Motor**, -en	motor
der Motorradhändler, -	motorbike dealer

die **Mutter**, -"	mother
nachts	at night
negativ	negative
nichts	nothing
normal	*here:* regular, low-octane *(petrol, gas)*
die Notiz, -en	note, memo
Machen Sie sich Notizen.	Take notes.
der **Park**,-s	park
das Pedal, -e	pedal
phonetisch	phonetic
das Pils	Pils *(type of beer)*
die Pistole, -n	pistol
die **Platte**, -n	(gramophone) record
die **Portion**, -en	portion
das Possessivum	possessive adjective
die Probefahrt, -en	test drive
PS (die Pferdestärke, -n)	HP (horsepower)
putzen	to clean
das **Radio**, -s	radio
reden	to speak, to talk
reinkommen	to come in, to enter
die Reparatur, -en	repair
der **Ring**, -e	ring
die Rose, -n	rose
rot	red
runterfallen	to fall down; *here:* to fall off
das **Salz**	salt
satt	full, no longer hungry
schade	shame, pity
Schade!	What a shame!
der **Schirm**, -e	umbrella
der **Schreibtisch**, -e	(writing) desk
der **Schweizer Käse**	Swiss cheese
die **Schwester**, -n	sister
der **See**, -n	lake
selten	seldom
der **Soldat**, -en	soldier
sondern	but ...
nicht nur ... sondern auch	not only ... but also ...
die Sonnenbrille, -n	sunglasses
die Sonntagszeitung, -en	Sunday newspaper
spazierengehen	to go for a walk
der **Sportplatz**, -"e	sports ground/field
der Sportwagen, -	sports car

stark	strong; *here:* powerful
das Studium, -en	studies *(at university)*
das Super (Benzin)	super, premium, high-octane *(petrol, gas)*
das **Tal**, -"er	valley
die **Tasche**, -n	*here:* bag
die Taschenlampe, -n	torch, flashlight
tauschen	*here:* to swap
die **Technik**, -en	technology
teilen	share, divide
telefonieren	to make a telephone call
die **Tochter**, -"	daughter
die Tour, -en	tour
treiben	*here:* to do, to go in for
Sport treiben	to do sport, to take part in sports
die Uhr, -en	watch, clock; o'clock
um 9 Uhr 50	at 9.50
unbestimmt	indefinite
der unbestimmte Artikel	indefinite article
ungefähr	about, more or less
das Verkaufsgespräch, -e	conversation with a salesman
der **Wagen**, -	car, automobile
der Walzer, -	waltz
der **Wecker**, -	alarm clock
willkommen	welcome
die **Wohnung**, -en	flat, apartment
das Wurstbrötchen, -	roll with sausage
zählen	to count
die **Zahl**, -en	number
die **Zeit**, -en	time
das **Zentrum**, -en	centre
die **Zigarre**, -n	cigar
der **Zug**, -"e	train
zwischen	between
das Zwischenspiel, -e	interlude

die Abreise, -n	departure *(on a journey)*
abreisen	to leave, to depart *(on a journey)*
der **Alkohol**	alcohol
der Alpenblick, -e	view of the Alps
die Altstadt, -"e	old part of the town
der Anfangsbuchstabe, -n	first letter of a word
angenehm	pleasant, agreeable
die **Ankunft**	arrival
anrufen	to call on the telephone
die Anzahl	number
die **Apotheke**, -n	chemist's, pharmacy
die **Arbeit**, -en	work
das Argument, -e	argument
aufhören	to stop (doing s.th.)
ausfüllen	to fill in/out *(a form)*
das Ausweispapier, -e	identification paper
ausziehen	to take off *(clothes, shoes)*
autofrei	free of cars
die **Bahn**, -en	railway, railroad
der **Bahnhof**, -"e	railway/train station
bald	soon
Bis bald.	See you soon.
der Balkon, -e	balcony
die Bar, -s	bar
der Baß, -"sse	bass, double-bass
beachten	to notice, to pay attention to
bedeuten	to mean, to signify
beginnen	to begin, to start
der Beherberger, -	landlord, host, proprietor
der **Berg**, -e	mountain
beschreiben	to describe
besetzt	occupied
besonders	particularly, especially
bestellen	to order
bezahlen	to pay
bis	*here:* to
zwei bis drei Monate	two to three months
die Blockschrift, -en	capital letters
das Boot, -e	boat
der Brunnen, -	fountain
das **Datum**, -en	date
defekt	defective, out of order
denken	to think
der Direktor, -en	director

doch	*(used for emphasis; frequently not translated)*
Sie möchten doch ...	You *do* want ...
Hören Sie doch auf ...	*Do* stop ...
das **Doppelzimmer**, -	double room
dünn	thin; *here:* flimsy
die **Dusche**, -n	shower
duschen	to have/take a shower
die Ehefrau, -en	wife
einfach	simple
einmal	one day, someday
eintragen	*here:* to fill in *(in a form)*, to enter
der Einzelgast, -"e	individual guest
das **Einzelzimmer**, -	single room
eiskalt	ice-cold
empfangen	*here:* to receive *(a visitor)*
die Empfangsdame, -n	receptionist
das **Ende**, -n	end
entstehen	*here:* to be taken *(photograph)*
erklären	to explain
exzellent	excellent
der **Fahrplan**, -"e	timetable *(bus, train, etc.)*
der Fahrweg, -e	road suitable for vehicles
der **Fall**, -"e	case
auf keinen Fall	under no circumstances
falsch	wrong, incorrect
der Familienangehörige, -n	member of the family
der Familienname, -n	surname, last name
fast	almost
das **Fernsehen**	television
das **Fest**, -e	party, celebration
fest	*here:* strong *(shoes)*
das **Feuer**, -	fire; *here:* a light
fliegen	to fly; to go by plane
das **Formular**, -e	form *(document)*
die Freizeit	leisure time; *here:* recreation programme
fressen	to eat *(used for an animal)*
freundlich	friendly
der **Friseur**, -e	hairdresser
frisieren	to do s.o.'s (one's) hair
frühstücken	to have breakfast
der **Fuß**, -"e	foot
zu Fuß	on foot

der Gastgeber, -	host
der Gasthof, -"e	hotel; restaurant
geboren	born
gegen	against
der Geldwechsel	exchange (of money)
gießen	to water *(plants)*
die Glocke, -n	bell
die Glockenblume, -n	bluebell; bellflower
das **Haar**, -e	hair
die **Hand**, -"e	hand
der Heimatort, -e	hometown
heimbringen	to take home
heiraten	to marry
helfen	to help
hell	light
die Herreise, -n	journey here
herrlich	magnificent, splendid
hoffentlich	let's hope that ...; hopefully
die Hotelkultur, -en	hotel trade
die Hotelrechnung, -en	hotel bill
die Hoteltradition, -en	traditional hotel trade
das Hotelzimmer, -	hotel room
international	international
die Jugendgruppe, -n	youth group
die Jugendherberge, -n	youth hostel
kämmen	to comb
die **Karte**, -n	*here:* ticket
katastrophal	catastrophic
die Kathedrale, -n	cathedral
der Komfort	comfort
korrigieren	to correct
die **Küche**, -n	*here:* cuisine, food
der **Künstler**, -	artist
kulturell	cultural
kunstreich	artistic
lang	long
Wie lange ...?	How long ...?
leer	empty
leihen	to lend
das **Licht**, -er	light
liegen	*here:* to be situated/located
der **Lift**, -s	lift, elevator
die Lilie, -n	lily
das Lokal, -e	pub; restaurant

das Luxushotel, -s	luxury hotel
man	one
die **Marmelade**, -n	marmelade, jam
der Meldeschein, -e	registration form
mindestens	at least
die Mischung, -en	mixture
der **Mitarbeiter**, -	staff, employees
die **Mitte**, -n	middle, centre
mittelalterlich	medieval
das Modalverb, -en	modal auxiliary/verb
modern	modern
der **Moment**, -e	moment
Moment!	Just a moment!
müssen	must, to have to
der Musikklub, -s	music club
musizieren	to make/play music
das Mutterland, -"er	homeland; *here:* birthplace
nachts	at night
nächst	nearest; next
der Nerv, -en	nerve
nichts	nothing
Nr. (die **Nummer**, -n)	no. (number)
öffnen	to open
das **Paket**, -e	parcel
der **Parkplatz**, -"e	car park
der **Paß**, -"sse	passport
die **Polizei**	police
die Polka	polka
der Portier, -s	porter, desk clerk
das Präteritum	past tense
das **Problem**, -e	problem
putzen	to clean
der **Raum**, -"e	room
das Reiseziel, -e	destination
reparieren	to repair
der Rosenkavalier, -e	Der Rosenkavalier *(opera by Strauss)*
ruhig	*here:* quiet
das **Salz**	salt
Sankt (lat.: heilig)	Saint
sauber	clean
die Sauna, -en	sauna
der Schatz, -"e	treasure
mein Schatz	my treasure, darling
der **Scheck**, -s	cheque/check

schicken	to send
das **Schild**, -er	*here:* sign
schlafen	to sleep
der Schlafwagen, -	sleeping car *(railway)*
schließen	to close
der **Schnee**	snow
die Schokoladentafel, -n	bar of chocolate
der Schuhmacher, -	shoemaker, cobbler
der Schwan, -"e	swan
das **Schwimmbad**, -"er	swimming pool
schwierig	difficult
selbstverständlich	of course, naturally
das Seminar, -e	seminar
die Semmel, -n	(bread) roll
sitzen	to sit
solide	*here:* reasonable
die **Sonne**, -en	sun
der Sonntag, -e	Sunday
die Sorte, -n	kind, sort
der **Spaß**, -"e	fun
Wir hatten viel Spaß.	We had a good time.
der **Spiegel**, -	mirror
der **Staat**, -en	state
die **Staatsangehörigkeit**, -en	nationality
der **Strand**, -"e	beach
der **Straßenschuh**, -e	walking shoe
der **Studienplatz**, -"e	place at university/college
die Tagung, -en	conference, meeting
die **Tankstelle**, -n	petrol/gas station
das **Taxi**, -s	taxi
die Teekanne, -n	teapot
das **Telefonbuch**, -"er	telephone directory
das Telefongespräch, -e	telephone call
die Tradition, -en	tradition
traditionsreich	rich in tradition
der Tramper, -	hitchhiker
die **Treppe**, -n	stairs
typisch	typical
überall	everywhere
übermorgen	the day after tomorrow
übernachten	to spend the night
die Umschlagseite, -n	cover *(of a book)*
ungesund	bad for one's health
unmöglich	impossible

Ich kann die Karte unmöglich bezahlen.	It is impossible for me to pay for the ticket.
die Untermieterin, -nen	(female) lodger, subtenant
unterschreiben	to sign
die **Unterschrift**, -en	signature
verboten	forbidden, prohibited
das **Vergnügen**, -	pleasure
Viel Vergnügen!	Have a good time! Enjoy yourself!
verlassen	to leave *(a place, a room, etc.)*
verrückt	crazy, mad
das **Visum**, -a	visa
vorbei	*here:* over
wählen	to choose
die **Ware**, -n	goods, merchandise
waschen	to wash, to do washing
wechseln	to change *(money)*
weiß	white
weiterfahren	to drive on; to continue one's journey
weitersuchen	to go on looking, to look further
wohin	where ... (to)?
Wohin fahren Sie?	Where are you going?
die Wohnadresse, -n	address
das Wohnzimmer, -	living room, sitting room
der Zehnmarkschein, -e	ten-mark note/bill
das **Zentrum**, -en	centre
die Zimmernummer, -n	room number
zuerst	first
der **Zug**, -"e	train

das **Abendessen**, -	dinner, evening meal
das Abendland	West, Occident
die **Abfahrt**, -en	departure
die **Achtung**	attention
Achtung!	Look out! Careful!
aktuell	*here:* current, valid
die Allee, -n	avenue
der Anhalter, -	hitchhiker
das Antiquariat, -e	second-hand bookshop
anzeigen	*here:* to show
der Apfelwein, -e	cider, apple wine
aufnehmen	*here:* to begin *(work)*
ausführlich	detailed
außer	except
die Autofahrt, -en	journey by car
die **Bahn**, -en	railway, railroad
die Bahnfahrt, -en	journey by rail
das Bahnhofscafé, -s	railway/train station café
der Ballon, -e (-s)	balloon
der Balkon, -e	balcony
der **Beamte**, -n (ein Beamter)	official; civil servant; *here:* clerk
bedeutend	important
bekannt	well-known, famous
benützen	to use
beschreiben	to describe
bestimmt	surely, certainly; I'm sure ...
die Bequemlichkeit, -en	convenience
bewölkt	cloudy
bitteschön	*here:* excuse me
blühen	to flower, to blossom
das Boot, -e	boat
der **Bruder**, -"	brother
die **Brücke**, -n	bridge
die Buchhandlung, -en	bookshop, bookstore
ca. (circa)	approximately, about
das Cabaret, -s	cabaret
die Commerzbank	Commerzbank *(large West German bank)*
der **Dank**	thanks
Tausend Dank!	Many thanks!
die **Darstellung**, -en	description, presentation
darum	for this reason, that's why
davon	*here:* of them, of these
das Demonstrativum, -a	demonstrative *(adjective or pronoun)*

denn	for, because
direkt	*here:* straight
der **Doktor**, -en	doctor
der Donner	thunder
die Drachme, -n	drachma *(currency)*
die Droge, -n	drug
die Druckerei, -en	printer, printer's office
der Eilzug, -"e	fast train
einfach	*here:* single, one-way
Einmal München einfach.	A single/one-way ticket to Munich.
einfallen	to spring to mind; to have an idea
einsteigen	to get in(to) *(a car, train, etc.)*
das Eismeer	polar sea
elegant	elegant
enorm	*here:* extremely
die **Entfernung**, -en	distance
entscheiden	to decide
der Escudo, -s	escudo *(currency)*
die Europakarte, -n	map of Europe
der Fahrgast, -"e	passenger
die **Fahrt**, -en	journey, trip
die Fahrtkosten	cost of the journey
fliegen	to fly, to go by plane
der Fluggast, -"e	(air) passenger
der Flugsteig, -e	gate *(airport)*
das **Flugzeug**, -e	aeroplane, aircraft
der Flugplan, -"e	flight plan, timetable
folgend	following
die Folklore	folklore
die **Fremdsprache**, -n	foreign language
der **Frieden**	peace
früh	early
die Frühlingsluft, -"e	spring air
das Gartenlokal, -e	open-air restaurant/café
geeignet	suitable
der Geldwechsler, -	money changer
das **Gepäck**	luggage
das **Geschäft**, -e	shop, store
die **Geschwindigkeit**, -en	speed
das **Gespräch**, -e	conversation
gestern	yesterday
gleich	right away, at once
hier gleich	right here
das **Gleis**, -e	platform, track (railway station)

der Globus, -en	globe
glücklich	happy
das Gold	gold
die **Grenze**, -n	border, frontier
grenzen (an)	to border on
grün	green
grüßen	to greet
der Gulden, -	florin, guilder *(currency)*
die Halbinsel, -n	peninsular
der Halt	stop
die Handlung, -en	shop, store
die **Haut**, -"e	skin
das **Hemd**, -en	shirt
der **Himmel**, -	sky
hin	*expresses movement towards a place*
hin und zurück	there and back; return (ticket)
Wo wollen Sie denn hin?	Where do you want to go, then?
das Hochhaus, -"er	multistorey building, high-rise building
das Hofbräuhaus	*famous restaurant/pub in Munich, belonging to the Hofbräu brewery*
hoffen	to hope
hübsch	pretty
hungern	to starve, to suffer from hunger
die **Industrie**, -n	industry
die **Information**, -en	information
die Innenstadt, -"e	city/town centre
die **Insel**, -n	island
der Intercity, -s	Intercity (train)
jährlich	every year
die **Jahreszeit**, -en	season
jeder	each
der **Junge**, -n	boy
die **Kälte**	cold
die Katastrophe, -n	catastrophe
das **Kleid**, -er	*here:* item of clothing
der Kleiderladen, -"	clothes shop/store
die Krone, -n	crown *(currency)*
das Kuchenstück, -e	piece of cake
kühl	cool
die **Kunst**, -"e	art
das Kunstgewerbe	arts and crafts
das Kunstgewerbemuseum, -en	arts and crafts museum
die **Lage**, -n	situation
landen	to land

der Lastwagenfahrer, -	lorry/truck driver
laufen	to run; to walk; to go; to be in progress
Ich muß 5 km laufen.	I have to walk/run 5 km.
Jährlich laufen durch den Frankfurter Flughafen ...	Every year ... pass through Frankfurt airport
das **Leben**, -	life
leer	empty
leicht	*here:* slightly
die **Luft**, -"e	air
malen	to paint
die Messe, -n	trade fair
der Messeplatz, -"e	location of a trade fair
die Messestadt, -"e	town/city where trade fairs are held
Min. (die Minute, -n)	minute
mitfahren	to drive/ride/travel with s.o.
das Mittelmeer	Mediterranean
die **Möglichkeit**, -en	possibility
das Museum, -en	museum
der **Nachbar**, -n	neighbour
die **Nachricht**, -en	item/piece of news
der **Nachteil**, -e	disadvantage
der Nachtisch, -e	dessert
der Nachtzug, -"e	night train
naß	wet
die Nationalität, -en	nationality
der **Nebel**	fog, mist
der Nebelregen	drizzle
neblig	foggy, misty
die «Neue Zürcher Zeitung»	the "Neue Zürcher Zeitung" *(Zürich newspaper)*
der **Norden**	north
oft	often
der Oktober	October
die Oper, -n	opera
der **Ort**, -e	place
der **Osten** (Ost)	east
der Ozean, -e	ocean
der Palmengarten, -"	palm garden, tropical garden
das Partizip, -ien	participle
der **Partner**, -	partner
per Anhalter fahren	to hitchhike
das Perfekt	present perfect tense
die Peseta, -en	peseta *(currency)*
das Pfund	pound *(currency)*

der **Plan**, -"e	plan
planen	to plan
pro	per
pro Kilometer	per kilometre
die Probe, -n	test, trial
das Produkt, -e	product
der **Pullover**, -	pullover, sweater
die Puppe, -n	doll
regelmäßig	regular
der **Regen**	rain
die **Reise**, -n	journey, trip
das Rennen, -	race
die **Richtung**, -en	direction
der Rubel, -	ruble *(currency)*
die **Rückfahrkarte**, -n	return ticket
der **Rundfunk**	broadcasting corporation
die S-Bahn, -en	suburban train
der S-Bahnhof, -"e	suburban train station
scheußlich	horrible, hideous
das **Schiff**, -e	ship
das Schlafzimmer, -	bedroom
der **Schluß**, -"sse	end, finish
der Schneefall, -"e	fall of snow
schneien	to snow
der Schnellzug, -"e	express train
schweigen	to say nothing
selbst	self
er selbst, sie selbst	himself; herself
die **Sicherheit**, -en	safety
das Silber	silver
der Sozialdienst, -e	social services
die Speise, -n	meal; dish
der Speisewagen, -	dining car
die Spezialität, -en	speciality
speziell	special
die Sprachgruppe, -n	linguistic group
die Sprachminorität, -en	linguistic minority
springen	to jump
starten	*here:* to take off
stattfinden	to take place
steigen	to climb; to step up
still	quiet, silent
die **Straßenbahn**, -en	tramway, streetcar
der **Strumpf**, -"e	stocking, sock

stürmen	expresses that a storm is taking place
der **Sturm**, -"e	storm
der **Süden**	south
der Südosten	southeast
tätig	employed; working
der **Tanz**, -"e	dance
das Tanzcafé, -s	café/restaurant with dancing
das **Taschentuch**, -"er	handkerchief
der **Teil**, -e	part, section
der **Teller**, -	plate
der Tempel, -	temple
der Textautor, -en	author of a text
das Theaterkostüm, -e	theatre costume
das **Thema**, -en	theme, subject
das Ticket, -s	ticket
das **Tier**, -e	animal
die Tonne, -n	tonne
treffen	to meet
das **Tuch**, -"er	cloth
die **Tür**, -en	door
die U-Bahn, -en	underground railway
üben	to practise
die **Überschrift**, -en	title; heading
die Übung, -en	exercise
das **Ufer**, -	bank *(of a river)*
das Mainufer	the banks of the Main
die **Uhrzeit**, -en	time
unfreundlich	unfriendly
unglaublich	unbelievable
die Universitätsbibliothek, -en	university library
unregelmäßig	irregular
unter	under
(sich) **unterhalten**	to talk (to/with s.o.)
unterscheiden	to differentiate, to make a distinction
das Vaterland, -"er	native country
vergessen	to forget
der **Verkehr**	traffic
die Verkehrsverbindung, -en	connection
der Verlag, -e	publisher
verlieren	to lose
vorsichtig	careful
der **Vorteil**, -e	advantage
die Wartezeit, -en	wait; time spent waiting
der Wechsel	*here:* movement

wertvoll	valuable
das **Wetter**	weather
der **Wind**, -e	wind
der **Winterpullover**, -	winter pullover/sweater
die **Wolke**, -n	cloud
der **Wunsch**, -"e	wish; desire
das **Ziel**, -e	destination
der **Zug**, -"e	train
zwischen	between

der Affe, -n	monkey
das **Alter**	age
der Anblick, -e	*here:* sight
das **Angebot**, -e	offer
der **Angestellte**, -n	employee
die Angstidee, -n	*here:* nightmare
anschauen	to look at
das Anstellungsgespräch, -e	interview (for a job)
der Apfelbaum, -"e	apple tree
die Apfeltorte, -n	apple gateau/pie
der April	April
der Arbeitgeber, -	employer
der **Arbeitnehmer**, -	employee
der Arbeitsplatz, -"e	job, employment
der Arbeitstag, -e	working day
die **Arbeitszeit**, -en	working hours
arm	poor
aufstehen	to get up
aufwachen	to wake up
der August	August
die **Ausbildung**, -en	education, training
der Ausflug, -"e	excursion, trip
der Autobahndienst, -e	motorway maintenance service
der **Autofahrer**, -	car driver
der Automechaniker, -	car mechanic
die Automechanikerin, -nen	(female) car mechanic
der Autounfall, -"e	car accident
die Autowerkstatt, -"en	garage; car repair workshop
backen	to bake
die Bardame, -n	barmaid
die Behörde, -n	authority; administrative body
der **Bericht**, -e	report
die Berufswahl	choice of profession
besonders	particular, special
besser	better
der **Betrieb**, -e	company; business
beweisen	to prove
die **Bewerbung**, -en	application (for a job)
bilden	to form
die Bildhauerin, -nen	(female) sculptor
(ein) **bißchen**	a little (bit)
blühen	to flower, to blossom
das Blut	blood
der **Briefträger**, -	postman

die Briefträgerin, -nen	postwoman
brutto	gross; before tax
die Buchführung, -en	bookkeeping; accountancy
der Buchhändler, -	bookseller
bummeln	to stroll, to saunter
das Cembalokonzert, -e	harpsichord concert
die **Chance**, -n	chance
die Creme, -s	cream
die Dauer	duration
dauern	to last, to take (time)
der Dezember	December
der Diabetiker, -	diabetic
der Dienstag, -e	Tuesday
diktieren	to dictate
das **Ding**, -e	thing
der Dom, -e	cathedral
die Domäne, -n	domain, field
die Dombauhütte, -n	cathedral stonemasons' lodge
der Donnerstag, -e	Thursday
einkaufen	to shop, to go shopping
die Einschreibung, -en	registration; enrollment
einsetzen	*here:* to employ
erst	not until; first
zum erstenmal	for the first time
erzählen	to tell/recount (a story)
etwa	about
etwas	something
der Februar	February
der Feierabend, -e	time when work finishes
Wann ist Feierabend?	What time do you finish work?
das **Fest**, -e	party
fleißig	hardworking, diligent
der **Flug**, -"e	flight
formulieren	to formulate
das Fotomodell, -e	(photographer's) model
der Freitag, -e	Friday
freitags	on Fridays
früh	*here:* previous
der Frühlingsanfang	beginning of spring
der Frühsport	early morning exercises
fühlen	to feel
das Gefängnis, -se	prison, jail
das **Gehalt**, -"er	salary, pay
genug	enough

die **Geschichte**, -n	*here:* story
die Glasrestauratorin, -nen	(female) glass restorer
glauben	to believe
der Gründonnerstag	Maundy Thursday
die Gymnastik	gymnastics
der Handwerker, -	craftsman
das Hauptthema, -en	main theme/subject
heimkommen	to come/get home
das Heinzelmännchen, -	gnomes/fairies which help about the house
die Heinzelmännchen-Geschichte, -n	story of the Heinzelmännchen
der Herbst	autumn, fall
hier	here
die Hilfskraft, -"e	assistant
die Hypothese, -n	hypothesis
der Imbiß, -sse	snack
das Interesse, -n	interest
(sich) **interessieren**	to interest; to be interested
inzwischen	in the meantime, meanwhile
die Ja-Nein-Frage, -n	question to which the answer is yes or no
jährlich	*here:* per year
jahrhundertelang	for centuries
der Januar	January
jeck	crazy, mad *(Cologne dialect)*
der Job, -s	job
der Juli	July
der Juni	June
die Käsetorte, -n	cheesecake
die Kaffeepause, -n	coffee break
der Karfreitag	Good Friday
der Karneval	carneval
der Karsamstag	Easter Saturday
die Kathedrale, -n	cathedral
die Kernfrage, -n	main question; central issue
die Komödie, -n	comedy
der Konditor, -en	confectioner
der Konditorladen, -"	confectionery, cake shop
das **Konzert**, -e	concert
der **Kopf**, -"e	head
der Krankenpfleger, -	male nurse
die Krankenschwester, -n	nurse
der Kuckuck, -e	cuckoo
Zum Kuckuck!	Damn it! Darn it all!
kühl	cool

langweilig	boring
das **Leben**	life
die Lebensarbeitszeit, -en	working life
der Leib, -er	body
leicht	light; easy
leise	quietly; in a low voice
das **Licht**, -er	light
liegen	to lie *(e.g. in bed)*
lügen	to lie, to tell a lie
männlich	masculine
der Mai	May
manchmal	sometimes
markieren	to mark
meiste	most
die meisten Kölner	most of the people of Cologne
meistens	mostly
der **Mensch**, -en	person, human being
die Minute, -n	minute
die Mitarbeiterin, -nen	(female) colleague; employee
das **Mittagessen**, -	lunch, midday meal
die Mittagspause, -n	lunch break
der Mittagsschlaf	afternoon nap, siesta
der Mittwoch	Wednesday
mögen	to like
Ich mag Kinder nicht.	I don't like children.
der Nachmittag, -e	afternoon
der Nachthimmel	night sky
die **Nähe**	proximity, vicinity
in der Nähe des Tiergartens	near the zoo
neben	next to
netto	net
der November	November
die Null, -en	zero
der Ostermontag	Easter Monday
der Ostersonntag	Easter Sunday
der Palmsonntag	Palm Sunday
die Partnerwahl	choice of partner
die **Party**, -ies	party
die **Pause**, -n	break; pause
persönlich	personal
das **Pferd**, -e	horse
der Pianist, -en	pianist
die Pianistin, -nen	(female) pianist
plus	plus

die **Post**	post, mail
die Privatklinik, -en	private hospital/clinic
probieren	to try; to taste
prüfen	to examine
die **Prüfung**, -en	examination
die Qualifikation, -en	qualification
die Radiomeldung, -en	radio news
die Raumpflegerin, -nen	cleaning woman
rechnen	to calculate, to reckon
Ich kann nicht rechnen.	I'm no good at mathematics.
der Roman, -e	novel
rund	about, around, approximately
der Samstag, -e	Saturday
das **Schaufenster**, -	shop window
das Schlafgespräch, -e	conversation about sleeping
der Schmuck	jewellery
seekrank	seasick
die Semesterferien	university holidays/vacation
der September	September
sich	oneself *(reflexive pronoun)*; each other
der Skilehrer, -	skiing instructor
das Sommersemester, -	summer semester/term
der Sonnabend, -e	Saturday
die Sonnenblume, -n	sunflower
das Staatsexamen, -ina	state examination *(university degree)*
der «Stadt-Anzeiger»	the "Stadt-Anzeiger" *(local newspaper)*
Std. (die Stunde, -n)	hour
der Steinmetz, -e	stonemason
der Steinmetzlehrling, -e	stonemason's apprentice
das Stellenangebot, -e	offer of a post; job vacancy
der Stil, -e	style
technisch	technical
der Terrorist, -en	terrorist
der Tiergarten, -"	zoo
der Ton, -"e	*here:* atmosphere
total	*here:* to the full; with conviction
träumen	to dream
gut träumen	to dream s.th. nice
der Traum, -"e	dream
der Traumberuf, -e	dream job/profession
überfliegen	to glance over, to read quickly
ungewohnt	unfamiliar
die Uniform, -en	uniform

unreligiös	irreligious, without a religion
die **Vergangenheit**, -en	past
das Viertel, -	quarter
Viertel nach sieben	quarter past seven
die Vorbereitung, -en	preparation
die Vorlesung, -en	lecture
der Vormittag, -e	morning
die W-Frage, -n	question beginning with W
der Wahnsinn	madness, insanity
wahnsinnig	mad, insane
weiblich	female; feminine
der Weintrinker, -	wine drinker
das Wintersemester, -	winter semester/term
wissenschaftlich	scientific
das Wörtchen	small word
(sich) **wohl fühlen**	to feel well/good
die Wunschidee, -n	*here:* dream
die Zeitangabe, -n	expression of date/time
der Zeitpunkt, -e	time, point in time
der Zeitungsverkäufer, -	newspaper seller
das **Zeugnis**, -se	certificate
der Zoo, -s	zoo
der **Zufall**, -"e	chance, coincidence
zus. (**zusammen**)	altogether, in total

das Adverb, -ien	adverb
die Allianz, -en	alliance
die Anrede, -n	form of address
anziehen	to put on *(item of clothing)*
der Apfelstrudel, -	apple strudel *(rolled pastry with apples)*
archaisch	archaic
aufgehen	to rise *(sun)*
außen	outside
von außen	from the outside
der **Bahnhof**, -"e	railway/train station
der **Baum**, -"e	tree
der Bergwind, -e	mountain wind
berühmt	famous
bestehen	to exist; to consist of
der Bezirk, -e	district, county
bleich	pale
blockfrei	non-aligned
der Blumenladen, -"	florist's
damals	at that time
der Dampfersteg, -e	landing stage, jetty
davon	*here:* of which
das Deutschlandlied	West German national anthem
deutschsprachig	German-speaking
der Dialekt, -e	dialect
das **Ding**, -e	thing
das **Dorf**, -"er	village
dort	there
echt	real; authentic, genuine
eher	*here:* rather
einige	several; *here:* some
einst	at one time, in the past; one day
der **Einwohner**, -	inhabitant
einzige	only, single
keine einzige Zigarette	not one single cigarette
der Elefant, -en	elephant
erfüllen	to fulfil
die **Erklärung**, -en	explanation
der Esel, -	donkey
existieren	to exist
die **Farbe**, -n	colour
farbig	coloured, colourful
der Fels, -en	rock
die **Ferien**	holidays, vacation
der Festplatz, -"e	fairground; festival ground

die Föderation, -en	federation
die **Form**, -en	form
früher	earlier, previously, in the past
der Fußballplatz, -"e	football field/pitch
die Gans, -"e	goose
das **Gasthaus**, -"er	restaurant; hotel
geistig	*here:* intellectual
geistreich	*here:* spirited
geradeaus	straight on
gewinnen	to win
grau	grey
hängen	to hang
die Hauptstadt, -"e	capital city
heimreiten	to ride home
hinten	at the back, in the background
das Hörverstehen	listening comprehension
das Huhn, -"er	chicken, hen
der Idiot, -en	idiot
die **Illustrierte**, -n	magazine
innen	inside
jemand	someone, somebody
das Kaffeehaus, -"er	café
das Kamel, -e	camel
So ein Kamel!	What a twit! What a fool!
der Kanton, -e	canton
die Kapelle, -n	chapel
die Kellnerin, -nen	waitress
die **Kirche**, -en	church
der Klassiker, -	classical writer/composer
das Klischee, -s	cliché
kostbar	valuable; precious
künftig	in future
die Kuh, -"e	cow
Dumme Kuh!	Silly cow!
die **Kunst**, -"e	art
die Landschaft, -en	landscape; countryside
lebendig	living; lively
lecker	delicious
der Likör	liqueur
literarisch	literary
das Lob	praise
loben	to praise
das Lotto	Lotto *(number-guessing pool)*
der Maler, -	painter

die Malerei, -en	painting; art
der Marktplatz, -"e	marketplace
die Marktstraße, -n	Market Street
das **Meer**, -e	sea
die **Meinung**, -en	opinion
die Melodie, -n	melody
der Meter, -	metre
die Metropole, -n	metropolis
Mitteleuropa	Central Europe
der Mittelpunkt, -e	centre
die Modalpartikel, -n	modal particle or adverb
die Mühle, -n	mill
der Nachbarstaat, -en	neighbouring state/country
nachher	afterwards; later
nah	close, near
die Nationalhymne, -n	national anthem
die Nationalsprache, -n	the language of a country
das Oktoberfest, -e	*famous Munich beer festival*
die Opernstadt, -"e	town/city famous for opera
(ein) **paar**	a few; several
der Pakt, -e	pact
die **Partei**, -en	(political) party
passieren	to happen
politisch	political
das Porzellan	porcelain, china
der Pulli, -s	pullover, sweater
das Rätsel, -	riddle, puzzle
riechen	to smell
Das riecht man.	*here:* It smells like it.
der Romantiker, -	romantic writer/artist
schimpfen	to scold; to insult; to call s.o. names
seit	since, for
sozialdemokratisch	social democratic
die Sozialdemokratische Partei Deutschlands (SPD)	the German Social Democratic Party (SPD)
sozialistisch	socialist
die Sozialistische Einheitspartei Deutschlands (SED) *(bis 1990)*	Socialist Unity Party of Germany (SED) *(until 1990)*
die Sparkasse, -n	savings bank
der **Sportplatz**, -"e	sports ground
der Standort, -e	location; *here:* You are here
der Status	status
steinig	rocky, stony
das **Tal**, -"er	valley

die Theaterstadt, -"e	theatre city
tief	deep
transparent	transparent
der Trottel, -	idiot, fool
ungenau	inaccurate
urteilen	to judge; to form an opinion
das Volkslied, -er	folk song
die Volksmusik	folk music
der Vollidiot, -en	complete and utter idiot
vorgestern	the day before yesterday
vorhin	just now, a moment/while ago
vorn	(at the) front
vorn das Ufer	the shore in the foreground
da vorn	over there, ahead
der **Wald**, -"er	wood, forest
der **Weg**, -e	way; route
weltberühmt	world-famous
der **Wert**, -e	value
westlich	western
windstill	calm, without wind
die **Wirtschaft**, -en	pub; restaurant
wunderbar	wonderful
der **Zahn**, -"e	tooth
zukünftig	in future

ab	*here:* from
abfahren	to leave, to depart *(by train, car, etc.)*
der Akzent, -e	*here:* stress, emphasis
anfangen	to begin, to start
ankommen	to arrive
die Ankunftszeit, -en	time of arrival
anlaufen	to call at a port
das Anmeldeformular, -e	registration form
die Antiquität, -en	antique
aufmachen	to open
aussehen	to look (appearance)
Er sieht gut aus.	He looks good/well. He is good-looking.
aussteigen	to get out *(of a train, car, etc.)*
begleiten	to accompany
der **Bekannte**, -n (ein Bekannter)	acquaintance
die Bergkapelle, -n	chapel in the mountains
berufstätig	working, in employment
besichtigen	to visit, to tour *(town, building, etc.)*
der **Besuch**, -e	visit
die Besuchszeit, -en	visiting hours
der Biergarten, -"	beer garden
die Bildung	*here:* education
der Biologieprofessor, -en	biology professor
der Birnenschnaps, -"e	schnaps (strong liquor) made from pears
blind	blind
botanisch	botanical
die Brücke, -n	bridge
die Bürokratie, -en	bureaucracy
das **Bundesland**, -"er	Land of the Federal Republic
das Christentum	Christianity
christianisieren	to Christianize, to convert to Christianity
darüber	on this (subject)
daß	that
der Deutschkurs, -e	German course
diskutieren	to discuss
die Distanz, -en	distance
dort	there, over there
das Ehejahr, -e	year of marriage
das **Ehepaar**, -e	married couple
eigen	own; *here:* in its own right
einladen	to invite
enden	to end; to stop *(train)*
evangelisch	Protestant

das Experiment, -e	experiment
der Faden, -"	thread
fern	distant, far away
die große ferne Welt	the big wide world
der Fischmarkt, -"e	fish market
der Flügel, -	wing
der Fluggast, -"e	passenger (on a plane)
die **Freiheit**, -en	freedom
das Fremdwort, -"er	foreign word
die **Freundschaft**, -en	friendship
der Friseursalon, -s	hairdresser's salon
der Frühstückskaffee, -s	breakfast coffee
das Fußballspiel, -e	football match
der **Geburtstag**, -e	birthday
gemessen	measured; *here:* taken
gemütlich	cosy, pleasant
gernhaben	to like
geschieden	divorced
die **Großmutter**, -"	grandmother
die Grundregel, -n	basic/general rule
das Grundwort, -"er	base word; root
die **Hälfte**, -n	half
der **Hafen**, -"	harbour, port
die Hafenstadt, -"e	port, seaport
das Hallenbad, -"er	indoor swimming pool
haltmachen	to stop, to make a stop
die Hanse	Hanseatic League
die Hansestadt, -"e	Hanseatic town/city
heimfahren	to go/drive home *(by some form of transport)*
heimgehen	to go home
das Heiratspapier, -e	marriage certificate
der Herzschlag, -"e	heartbeat
heutzutage	nowadays
die Hintertreppe, -n	back stairs
die **Hochzeit**, -en	wedding
die **Idee**, -n	idea
das Innere	inside, interior
das Jahrhundert, -e	century
der Käsekuchen, -	cheesecake
der Kai, -s	quay
kaufmännisch	commercial
kennenlernen	to get to know
kinderlos	childless

der Koch, -"e	chef, cook
der Kochtopf, -"e	saucepan, (cooking) pot
der Konsul, -n	consul
das Krankenzimmer, -	sick-room
die **Krise**, -n	crisis
kritisieren	to criticize
die **Kultur**	culture
kulturell	cultural
die **Lampe**, -n	lamp
der Leser, -	reader
die Missionierung	religious conversion
mitmachen	to join in, to take part
die Mitternacht	midnight
möglichst	as ... as possible
die **Musik**	music
das Musikzimmer, -	music room
nicht-trennbar	inseparable
der Oberlehrer, -	senior teacher
offiziell	official
die Oma, -s	grandmother, granny
das Paßbild, -er	passport photograph
das Präfix, -e	prefix
das **Programm**, -e	programme
prosodisch	prosodic
der Puls	pulse
die Quelle, -n	source
der Rasierapparat, -e	(electric) shaver
das **Rathaus**, -"er	town hall, city hall
die **Regierung**, -en	government
die Roland-Statue	statue of Roland
die Rolandsäule	Roland's column
rufen	to call, to shout
der Salon, -s	salon
die Scheidung, -en	divorce
scheinen	*here:* to shine
der Schloßpark, -s	castle park/gardens
der Schokoladenpudding	chocolate cream/blancmange
schreien	to shout; to scream
der Schwimmlehrer, -	swimming instructor
die Seemannsmütze, -n	sailor's cap
der Seewind, -e	sea wind/breeze
spazierengehen	to go for a walk
der Städtebund, -"e	league of towns
die Statistik, -en	statistics

die **Stellung**, -en	*here:* opinion, view
Stellung nehmen	to form/express an opinion
der **Stoff**, -e	material; fabric
das Studierzimmer, -	study
das Symbol, -e	symbol
der Symphoniker, -	Symphony Orchestra
die Temperatur, -en	temperature
tot	dead
trennbar	separable
die **Tür**, -en	door
übersetzen	to translate
das **Ufer**, -	bank *(of a river)*
der Umschlag, -"e	envelope
umsteigen	to change *(trains etc.)*
ungern	*(+ verb):* to not like to do s.th.
die **Untersuchung**, -en	examination; investigation
verabschieden	to say goodbye
vergleichen	to compare
die **Verspätung**, -en	delay
Verspätung haben	to be late
der Verstand	intellect; sense; reason
versuchen	to try
der **Vogel**, -"	bird
das Volk, -"er	people, nation
das Warenhaus, -"er	department store
die Weinstube, -n	wine tavern
wild	wild
dic wilde Ehe	common-law marriage
winzig	tiny
der Wortakzent, -e	stress/accent within a word
zeitweise	for a time, some of the time
das **Ziel**, -e	aim, goal
ziemlich	fairly, rather
zumachen	to close
zurückkommen	to come back, to return
der Zweig, -e	twig; branch
die Zwetschge, -n	plum
der Zwetschgenschnaps, -"e	schnaps (strong liquor) made from plums

die Abkürzung, -en	abbreviation
der **Abschnitt**, -e	paragraph
die Addition, -en	addition
die Ahnung	*here:* idea
Keine Ahnung!	No idea!
die Alternative, -n	alternative
analysieren	to analyse
das Anführungszeichen, -	quotation marks
die Anlage, -n	*here:* garden; park
anonym	anonymous
arg	bad
die Atmosphäre	atmosphere
die Aufforderung, -en	request; order
aufschlagen	to open *(a book)*
der Ausruf, -e	exclamation
das Ausrufezeichen, -	exclamation mark/point
austauschen	to exchange
bedeuten	to mean, to signify
bedeutend	important; famous
bedienen	to serve
(es) besser haben	to live better, to have a better life
das Bierparadies, -e	beer paradise (beer garden)
bieten	to offer
das **Blatt**, -"er	sheet (of paper)
blau	*here:* drunk
blutig	bloody
die Bratwurst, -"e	sausage *(for frying)*
breit	wide
der **Bruder**, -"	brother
brutal	brutal
dick	fat
der Doppelpunkt, -e	colon
ebenso	similar; the same
eilig	hurried
(es) eilig haben	to be in a hurry
feiern	to celebrate; to have a party
das Finanzamt, -"er	tax office
der Fleiß	diligence, hard work
das **Foto**, -s	photo
die Friedensbewegung, -en	peace movement
die Fußgängerzone, -n	pedestrian zone/area
die Gartenwirtschaft, -en	outdoor café/restaurant
der **Gegensatz**, -"e	contrast
genießen	*here:* to enjoy life

geometrisch	geometric
gigantisch	gigantic; *here:* a tremendous amount of
gleich	(the) same; similar
golden	golden
grob	rough; coarse
die **Großstadt**, -"e	city
häßlich	ugly
häufig	frequently, often
halbwahr	half-true
das Handelszentrum, -en	centre of commerce
die Helligkeit, -en	brightness; lightness
holen	to fetch
im Freien	outdoors
die Industriestadt, -"e	industrial town/city
der Käufer, -	buyer, purchaser
die Karawanserei, -en	caravansary
die Kastanie, -n	chestnut; chestnut tree
klug	clever
der König, -e	king
königlich	royal
können	to be able, to know how to do s.th.
der Komparativ, -e	comparative
die Konjunktion, -en	conjunction
der **Kontakt**, -e	contact
das **Konto**, -en	(bank) account
die Krone, -n	crown
die Kunstschule, -n	art school
das Lehrbuch, -"er	textbook
leicht	*here:* easy
(es) leicht nehmen	to take it easy
die Linde, -n	linden, lime tree
der Markttag, -e	market day
die **Musik**	music
das Muster, -	model
nebenordnend	coordinating
nervös	nervous
die Oase, -n	oasis
der Ochse, -n	ox
die Ordinalzahl, -en	ordinal number
das **Paar**, -e	pair
die Pferdekutsche, -n	horse-drawn carriage
der Poet, -en	poet
der Positiv	positive (basic form)
die Proportion, -en	proportion

der **Raum**, -"e	room; space
die **Reihe**, -n	*here:* series
reingehen	to go in, to enter
rennen	to run
die Residenzstadt, -"e	residency
rollen	to roll
romantisch	romantic
sachlich	matter-of-fact, businesslike
das Satzende, -n	end of a sentence
das Satzzeichen, -	punctuation mark
der Schloßplatz, -"e	castle square
der Schlußsatz, -"e	last/final sentence
schwach	weak
der Schwips, -e	
einen Schwips haben	to be tipsy
der **See**, -n	lake
selber	oneself
der Sitzplatz, -"e	seat
der Spielplatz, -"e	playground
das Städtchen, -	small town
die Stiftskirche, -n	collegiate church
die Sülze, -n	jellied meat, meat in aspic
der Superlativ, -e	superlative
die **Tätigkeit**, -en	activity
teilen	*here:* to divide, to split up
das Tischtuch, -"er	tablecloth
traurig	sad
trennen	to separate
unbequem	*here:* difficult, hard
ungemütlich	unpleasant; uninviting
unmenschlich	inhuman
unterstreichen	to underline
unwahr	untrue
unzufrieden	dissatisfied; discontent
verändern	to change; to alter
vergleichen	to compare
verlieren	to lose
der Weinberg, -e	vineyard
der Wenzelsplatz	*famous square in Prague*
der **Westen** (West)	west
wichtig	important
wichtig nehmen	to take seriously
wörtlich	literal, word-for-word
wohl	without doubt, no doubt

das Zitat, -e	quotation
zusammenhängend	continuous

das Abendkleid, -er	evening gown/dress
der Akt, -e	act
anbieten	to offer
androgyn	androgynous
anprobieren	to try on *(clothes)*
der Arbeitsmantel, -"	overall
der **Ausdruck**, -"e	expression
ausdrücken	to express
die Ausstrahlung, -en	*here:* personality
die Auswahl	choice
das Bäumchen, -	small tree
der Ball, -"e	ball
der Beitrag, -"e	contribution
(sich) **beschäftigen**	*here:* to be interested in
blaß	pale
das Blümchen, -	small flower
der Blumenstrauß, -"e	bouquet of flowers
die **Bluse**, -n	blouse
braun	brown
die **Briefmarke**, -n	postage stamp
die **Brille**, -n	glasses, spectacles
buchen	to book; to reserve
der Bücherschrank, -"e	bookcase
das Büchlein, -	small book
der Bug, -e	bow *(of a boat)*
charakteristisch	characteristic, typical
der Dativ, -e	dative
die Deklination, -en	declination
die Designerin, -nen	(female) designer
die Diktatur, -en	dictatorship
der Diminutiv, -e	diminutive
dirigieren	*here:* to govern
das Dock, -s	dock
dramatisch	dramatic
dunkel	dark
dunkelbraun	dark brown
dunkelgrün	dark green
dunkelrot	dark red
durchschauen	to see through
durchschneiden	to cut through
durstig	thirsty
echt	real; genuine, authentic
der Effekt, -e	effect
eigentlich	actually

der Einladungsbrief, -e	letter of invitation
die Emotion, -en	emotion
emotionslos	lacking emotion
die Endung, -en	ending
entwerfen	*here:* to design
der **Erfolg**, -e	success
eventuell	possibly, perhaps
die Farbkombination, -en	colour combination
die Filmkamera, -s	cine camera, film camera
flexibel	flexible; versatile
das Fotobuch, -"er	book of photographs
das Fragewort, -"er	interrogative word/particle
die Frisur, -en	hairstyle
fröhlich	happy, cheerful
die Frucht, -"e	fruit
der Geburtstagsbrief, -e	letter to s.o. on his/her birthday
das Gefühl, -e	feeling
gelb	yellow
gering	slight, minimal
das Glückwunschtelegramm, -e	congratulatory telegram
das Gold	gold
der Goldfisch, -e	goldfish
die **Großeltern**	grandparents
grüßen	to greet
der Gürtel, -	belt
der **Handschuh**, -e	glove
der Hausschlüssel, -	house key; front-door key
die Haustür, -en	front door
die Heimatstadt, -"e	hometown
hellblau	light blue
hellgrün	light green
das **Hemd**, -en	shirt
hinter	(at the) back/rear
die **Hochzeit**, -en	wedding
das Höschen, -	small trousers/pants
die **Hose**, -n	trousers, pants
das Hütlein, -	small hat
hungrig	hungry
die **Jacke**, -n	jacket
das Jäckchen, -	small jacket
die Jeans, -	jeans
das Kätzchen, -	kitten
der Karateclub, -s	carate club
das Kaufgespräch, -e	conversation with a sales assistant

der Kimono, -s	kimono
die Kindergeschichte, -n	children's story
die Kirsche, -n	cherry
klagen	to complain
die Klarheit, -en	clarity
das **Kleid**, -er	dress
das Kleidchen, -	small dress
kleiden	to dress
die **Kleidung**, -en	clothes
das Köfferchen, -	small suitcase
kommentieren	*here:* to comment on
komplett	complete, full
der Kontrast, -e	contrast
die **Kontrolle**, -n	control, check
die Kosmetik	cosmetics
der Krach, -"e	noise
die Krawatte, -n	tie
der **Kuß**, -"sse	kiss
lachen	to laugh
das Leder	leather
die Lederhose, -n	leather trousers/shorts
der Ledermantel, -"	leather coat
leicht	light
leuchten	to shine
lösen	*here:* release, open
lustig	funny, amusing
das Mädchengesicht, -er	girl's face
das Mäntelchen, -	small coat
das Mannequin, -s	mannequin, model
der Marsmensch, -en	Martian
das **Material**, -ien	material
das Mauerblümchen, -	wallflower
der Maxirock, -"e	maxi-skirt
das **Medikament**, -e	medicament, medicine
das **Meer**, -e	sea
das Milchfläschchen, -	baby's bottle
die Milchschokolade, -n	milk chocolate
mischen	to mix
mitbringen	to bring s.th. with one
die **Mode**, -n	fashion
das Mützchen, -	small cap
die Mütze, -n	cap
das Nachthemd, -en	nightdress; nightshirt
das Nachtlicht, -er	night-light

die Nachtmusik	serenade
nackt	naked
naß	wet
neben	next to
der Nichtschwimmer, -	non-swimmer, person who cannot swim
Nom. (der Nominativ)	nom. (nominative)
der Nußkuchen, -	nutcake
die Nußtorte, -n	nut gateau
öffnen	to open
okkult	occult
orientieren (sich ... nach)	*here:* to follow
der Papagei, -en	parrot
der **Partner**, -	partner
die Persönlichkeit, -en	personality
die Perücke, -n	wig
pochen	to knock, to thump; to insist
die Pocken	smallpox
das Porträt, -s	portrait
das Porzellan	porcelain, china
das Prinzip, -ien	principle
der **Pullover**, -	pullover, sweater
der Rauch	smoke
die **Regel**, -n	rule
rein	pure
das Reitpferd, -e	saddle/riding horse
der **Rock**, -"e	skirt
das Röckchen, -	small/short skirt
das Röschen, -	small rose
die **Ruhe**	peace, tranquility
die **Sache**, -n	thing
schenken	to make s.o. a gift of s.th.
schicken	to send
schießen	to shoot
schleichen	to creep; to sneak
der Schottenrock, -"e	kilt
das Schwesterchen, -	little sister
die Seide	silk
der Sekt	champagne, sparkling wine
servieren	to serve
Shorts	(pair of) shorts
das Silber	silver
silbern	(made of) silver
das Söckchen, -	ankle sock
die Sonnencreme, -s	suntan cream

spezifisch	specifically
der **Stoff**, -e	material, fabric
der **Strumpf**, -"e	stocking; sock
das Stückchen, -	small piece
das Täschchen, -	small bag
die **Tafel**, -n	*here:* bar *(of chocolate)*
der Takt, -e	tact; beat, time *(music)*
der **Teilnehmer**, -	participant
der Tiger, -	tiger
das Töchterchen, -	little daughter
das **Tuch**, -"er	cloth; scarf
unsichtbar	invisible
vermeiden	to avoid
vermitteln	to convey an impression
der Verschluß, -"sse	*here:* occlusion *(closure)*
der Videofilm, -e	video film
violett	violet
vorbereiten	to prepare
vorder	front
vorlesen	to read s.th. (out) to s.o.
vorstellen	to introduce
wachen	to be awake; to watch (over)
wandern	*here:* to move
weglassen	to leave out, to omit
das Weihnachtsgeschenk, -e	Christmas present
weitere	further, additional
die Weste, -n	jacket; waistcoat
der Wintermantel, -"	winter coat
wohl	*(frequently not translated)*
Was kostet das wohl?	And how much is it?
die **Wolle**	wool
die Wortposition, -en	word order
der Zahnschmerz, -en	toothache
das Zahnweh	toothache
die Zirkuskarte, -n	ticket for the circus
die Zunge, -n	tongue
zurückbringen	to bring back
der Zwilling, -e	twin

abfliegen	to take off *(plane)*, to fly off
abhängen	to depend
der Abiturient, -en	pupil preparing to take the "Abitur" *(school-leaving examination)*
die Abitursnote, -n	mark/grade obtained in the "Abitur"
der Abschied, -e	farewell; departure
abspringen	to jump off
absteigen	to get off *(bicycle etc.)*, to dismount
addieren	to add
die Ahnung, -en	*here:* idea
Keine Ahnung!	No idea!
akademisch	academic
das Altenheim, -e	old people's home
anhalten	to stop
der Arztsohn, -"e	son of a doctor/physician
aufnehmen	to receive; to accommodate *(guests)*
der **Augenblick**, -e	moment, instant
der Automotor, -en	car motor/engine
begrüßen	to greet
bilden	to form
bundesdeutsch	of the Federal Republic of Germany
die Damenschneiderei, -en	ladies' tailoring/dressmaking
damit	with that/this
einschlafen	to fall asleep
elfjährig	eleven-year-old *(adj.)*
erkennen	to recognize; *here:* to make out
erlauben	to allow, to permit
eröffnen	to open
erreichen	to reach; to achieve
erschrecken	to get a shock, to be startled
explodieren	to explode
der Fabrikarbeiter, -	factory worker
das Fahrgeld, -er	(bus, train etc.) fare
die **Fahrkarte**, -n	(bus, train etc.) ticket
der **Fehler**, -	mistake, error
folgen	to follow
(sich) **freuen**	to be pleased/happy
furchtbar	terrible, awful
der **Geburtstag**, -e	birthday
die Geburtstagstorte, -n	birthday cake
der **Gedanke**, -n	thought
geschehen	to happen
das **Geschenk**, -e	present, gift
der Gipfel, -	summit, peak

das **Glück**	luck; happiness
zum Glück	luckily, fortunately
der **Gott**, -"er	God
gucken	to look *(colloq.)*
heimschicken	to send home
hinter	behind
die **Hochzeit**, -en	wedding
hören (von ...)	to hear (news) from
das Hotelbett, -en	hotel bed
der Hufschmied, -e	blacksmith
informieren	to inform
jemand	someone, somebody
der **Jugendliche**, -n (ein Jugendlicher)	youth, young person
der **Kalender**, -	calendar
kopieren	to copy
kritisieren	to criticise
lachen	to laugh
lassen	to let; to allow
lehren	to teach
leise	quietly; in a low voice
die Logik	logic
der Luftballon, -s	balloon
der Mediziner, -	medical student; physician
der **Mieter**, -	tenant
der **Minister**, -	minister
mithelfen	to help, to give a hand
der Modesalon, -s	fashion salon
die Nachbarsleute	neighbours
nachdenken	to think (about s.th.), to consider
nachmittag	afternoon
die Note, -n	mark, grade
offen	open
der Opa, -s	grandfather, grandpa
der Orient-Expreß	Orient Express
der **Ort**, -e	place, location
Ostern	Easter
das Personalbüro, -s	personnel office
pessimistisch	pessimistic
platzen	to burst
plötzlich	suddenly
praktisch	practical
die Praline, -n	a chocolate, candy
die **Praxis**, -en	practice, practical experience
produzieren	to produce

psychologisch	psychological
rasieren	to shave
die Rast	rest; break
die **Rede**, -n	speech; address
der Reifen, -	tyre
das **Reisebüro**, -s	travel agency
das Schachspiel, -e	game of chess
der Schnapstrinker, -	person fond of strong liquor, drinker
die Schneidermeisterin, -nen	(female) master tailor
schrecklich	terrible, awful
das Schreinerhandwerk	joiner's trade
die Sekunde, -n	second
selbständig	independent; *here:* self-employed
das **Semester**, -	semester, term
signalisieren	*here:* indicate, express
soviel	*here:* as much
sozial	social
der Soziologe, -n	sociology
die Tabelle, -n	table
telegrafieren	to telegraph, to send a telegram
der Test, -s	test
die Theorie, -n	theory
die Tiermedizin	veterinary medicine
der **Typ**, -en	*here:* bloke, guy
überhaupt	*here:* anyway
übrigens	by the way, incidentally
umziehen	to move house
unbedingt	absolutely
nicht unbedingt	not necessarily
vermieten	to rent (to s.o.)
verzaubern	to enchant; to cast a spell on
wachsen	to grow
weggehen	to go away
wegwerfen	to throw away
Weihnachten	Christmas
weinen	to cry, to weep
wiederholen	to repeat
der **Wirt**, -e	landlord, innkeeper
das Wissen	knowledge
der Witz, -e	joke
worüber	what ... about
der Zauberer, -	magician, wizard
die Zauberflöte	The Magic Flute *(opera)*
die Zauberin, -nen	(female) magician, witch

zeichnen	to draw
der Zeitungsreport, -e	newspaper article/report
zurückbleiben	to stay behind
zurückgeben	to give back, to return
zurückkehren	to come back, to return
zusammenarbeiten	to work together, to cooperate
zuschlagen	to slam/bang (a door)
der **Zustand**, -"e	state

987 654 32

Diesterweg · Sauerländer · 5911